AF474663

cartons

LECTURES SUR L'HISTOIRE

du LIMOUSIN et de la MARCHE

LECTURES SUR L'HISTOIRE

du LIMOUSIN et de la MARCHE

PAR

J.-B. PERCHAUD

INSPECTEUR DE L'ENSEIGNEMENT PRIMAIRE

PARIS

ÉDOUARD CORNÉLY ET Cie, ÉDITEURS

101, RUE DE VAUGIRARD, 101

PRÉFACE

Ce petit livre est offert à tous ceux qui, en Limousin et dans la Marche, étudient ou enseignent l'histoire. Aux uns il permettra de mieux comprendre les faits généraux, et de s'y intéresser davantage, en les plaçant, pour ainsi dire, plus près d'eux. Aux autres, il permettra de suivre un conseil fréquemment donné par toutes les personnes compétentes qui s'intéressent à l'enseignement et de faire une place à l'histoire locale dans leurs leçons.

Jusqu'ici, des difficultés insurmontables empêchaient les maîtres d'utiliser ce genre d'histoire. Les ouvrages qui en traitent sont nombreux et volumineux; ils ne se trouvent que dans les grandes bibliothèques; ils renferment de longs passages sans intérêt, du moins au point de vue pédagogique; enfin, ils ne sont pas écrits pour les enfants. Un travail de recherches, de choix, d'adaptation était nécessaire et on ne pouvait l'exiger des instituteurs. Nous avons essayé de le mener à bonne fin.

Dans nos écoles primaires, l'histoire locale doit, à notre avis: 1° faire connaître le passé de la province dans ce qu'il a de plus général et de plus intéressant; 2° éclairer, illustrer l'histoire nationale. Elle est, en d'autres termes, l'histoire du Limousin et de la Marche dans ses rapports avec l'histoire de France. Chacun des faits relatés dans les récits qui suivent répond à ce double besoin. Des annales de la province, nous avons retenu seulement ce qui pourrait figurer dans les annales du pays lui-même. Tout ce qui était trop particulier, tout ce qui n'offrait qu'un intérêt de pure curiosité a été sacrifié. Une histoire complète et suivie de la province aurait renfermé trop d'inutilités et nous avons été conduit à mettre en lumière les choses essentielles en des lectures détachées.

Voici maintenant l'usage qu'on peut faire de ce livre. Il renferme, pour chaque grande période de l'histoire de France, un ou plusieurs récits et correspond au programme des trois cours. Mis entre les mains des élèves à partir du cours élémentaire (2e année), il serait lu et expliqué à la fin de la leçon d'histoire. Il peut être considéré aussi comme un livre, accessoire bien entendu, de lectures courantes, que l'on emploierait une fois par semaine, concurremment avec l'ouvrage spécial suivi à l'école. Les maîtres utiliseront facilement les récits pour interroger les enfants. — Ces lectures pourront également fournir des sujets de rédaction nombreux et variés et aideront ainsi à renouveler, dans une certaine mesure, le fonds quelque peu épuisé de nos compositions françaises. Faut-il dire ici qu'un livre analogue publié par l'auteur sur le Berry en 1905 a rendu les meilleurs services et donné quelque impulsion à l'enseignement historique dans cette région ?

Notre ouvrage a donc sa place marquée dans les écoles et dans les cours d'adultes. Il vise aussi à se faire accepter comme *livre de prix* : nous estimons qu'il plaira aux petits Limousins et aux petits Marchois auxquels il parlera du pays natal. Il s'adresse enfin à toutes les personnes qui ne disposent pas des loisirs nécessaires pour parcourir les ouvrages de première main. En quelques heures de lecture, il leur apprendra tout ce qu'il est essentiel de connaître sur l'histoire locale.

En terminant, nous tenons à nous déclarer l'obligé des savants qui ont fouillé dans ses moindres recoins le passé des trois départements limousins. Il en est peu à qui nous n'ayons emprunté quelques faits. Tous voudront bien recevoir ici l'expression de notre profonde gratitude. Nous sommes assuré qu'il ne leur déplaira point de voir leurs travaux érudits servir à l'éducation du peuple. L'éducation des masses et surtout leur éducation patriotique, c'est le but qu'avant tout nous nous sommes proposé. Puissions-nous avoir contribué tout ensemble à faire connaître, à faire aimer la petite et la grande patrie !

J. Perchaud.

Limoges, septembre 1908.

HISTOIRE DU LIMOUSIN ET DE LA MARCHE

I. — Périodes gauloise et gallo-romaine.

Au temps des Gaulois, notre province était plus grande qu'aujourd'hui. Elle s'étendait sur le pays qui a formé les départements de la Haute-Vienne, de la Corrèze et de la Creuse. Elle comprenait à la fois le *Limousin* et la *Marche*, deux régions n'en formant qu'une, semblables d'aspect, de productions identiques et habitées par une même race.

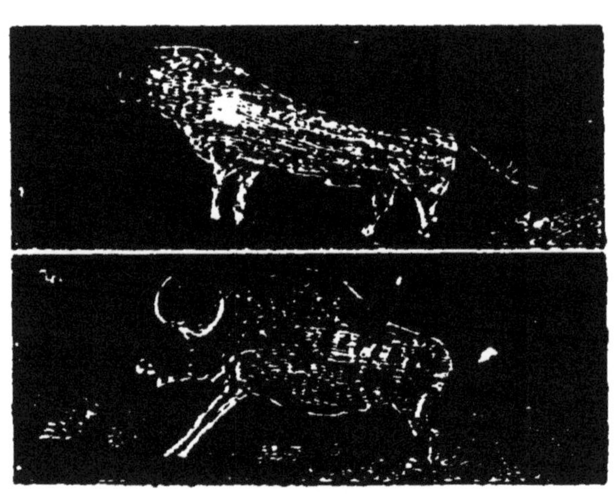

Peintures préhistoriques trouvées dans les grottes de la Vézère.

Limousin vient de *Lemovikes* ou *Lemovices,* nom des premiers habitants qui vécurent dans la région. Le pays des Lemovices était couvert d'épaisses forêts, de lacs, de marécages et nourrissait des animaux sauvages dont plusieurs espèces ont disparu. Comme les autres Gaulois, les Lemovices étaient de haute taille, belliqueux, gais, hospitaliers, d'un courage qui s'exaltait vite mais tombait de même.

Ainsi que les *Arvernes*, leurs voisins, les *Lemovices* prirent part à la lutte contre les Romains, envahisseurs de la Gaule. Ils eurent aussi leur héros, moins célèbre que Vercingétorix, mais qui, comme Vercingétorix, sacrifia sa vie pour la défense commune.

Enfermé dans *Alésia*, étroitement pressé par César, Vercingétorix adressa un suprême appel à tous les peuples de la Gaule. Une grande armée se forma pour le secourir. Les Lemovices partirent au nombre de 2 000 sous les ordres de *Sédulix*. Un assaut général tenté par 60 000 des plus braves combattants échoua. Il vint se briser contre les fortifications habilement élevées par César et contre la discipline et la tactique romaines. Les Lemovices avaient vaillamment combattu au premier rang : Sédulix se trouva parmi les morts.

La domination des Romains a été douce aux vaincus. Elle dura 500 ans ; ce fut une période de paix, de travail, de progrès. Des monuments, des routes, des aqueducs, des théâtres furent construits. Une grande voie reliait Bordeaux et Bourges : elle passait par Limoges ; une autre mettait Lyon, Ahun et Limoges en communication ; une troisième, partant de Limoges, se dirigeait vers Saintes.

A Tintignac, près de Naves (Corrèze) se trouvent les restes d'un théâtre. Ahun (Creuse), Châteauponsac et Solignac (Haute-Vienne), Breith, près de la Souterraine (Creuse) ont des vestiges de sépultures ou des inscriptions intéressantes. Un peu par-

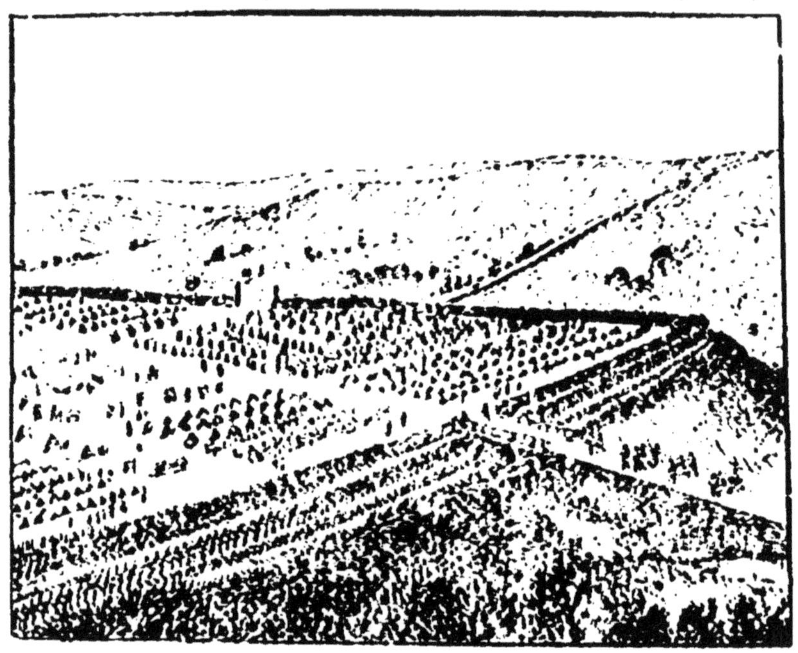

Les camps romains occupaient généralement des positions dominantes et étaient reliés les uns aux autres par des routes en ligne droite.

tout on voit des *Camps de César*, sortes de fortifications provisoires, destinées, croit-on, à protéger des armées d'occupation : celui de Saint-Denis-des-Murs (Haute-Vienne) est parmi les mieux conservés.

Limoges était déjà la ville principale du Limousin. Elle s'était appelée *Rita* au temps des Gaulois ; les Romains ajoutant à son nom primitif celui de l'un de leurs empereurs, l'appelèrent *Augustoritum*. Elle ne comprenait d'abord qu'un petit nombre de maisons couvertes en chaume, pressées les unes contre les autres sur les bords de la Vienne, en face d'un gué, vers le Pont-Saint-Martial. Sous la domination romaine, elle s'étendit jusqu'au quartier qu'on appelle aujourd'hui encore la Cité. Des arènes, sortes de cirques immenses, furent construites vers le jardin d'Orsay, non loin de la *Rue des Arènes*. Des aqueducs amenèrent l'eau des sources dans la ville.

II. — Le christianisme : Légende de saint Martial.

Le Limousin fut converti au christianisme pra saint Martial.

La légende disait que Martial, enfant, avait connu Jésus-Christ. De Judée, il vint à Rome où il opéra de nombreuses conversions. Il reçut de saint Pierre la mission d'aller par delà les monts évangéliser le centre de la Gaule. Il se mit aussitôt en route avec un compagnon qui mourut de fatigue au pied des Alpes.

Nous le voyons d'abord à l'oppidum de Toull, aujourd'hui Toulx-Sainte-Croix (Creuse) dont il baptisa tous les habitants. Il se rendit ensuite à Ahun. Là, il eut à souffrir des persécutions; les prêtres du paganisme, jaloux de ses succès, inquiets pour leur culte, lui firent subir de cruelles tortures. Mais on ne résistait pas à son éloquence, à sa charité, à sa doctrine. Bientôt tout le peuple était gagné. Les prêtres eux-mêmes se jetèrent à ses pieds demandant à la fois leur pardon et le baptême.

Martial vint à Limoges, qu'on appelait alors Augustoritum et résolut d'en faire le centre de sa propagande.

Une veuve de grande naissance le reçut dans sa maison. Cette veuve avait une fille unique, Valérie, fiancée au duc Étienne, gouverneur de la province. Lorsque Valérie eut entendu la parole de Martial, elle se convertit et se fit baptiser. Sa mère et tous ses serviteurs imitèrent peu après son exemple

Le Pont Saint-Martial, à Limoges.

Mais, devenue chrétienne, la jeune fille déclara qu'elle ne voulait d'autre époux que Jésus-Christ. Son fiancé, furieux d'être ainsi abandonné, la fit mettre à mort. La légende ajoute que le sang de Valérie opéra un miracle : le duc Étienne se convertit au christianisme. Il n'y eut, d'ailleurs, pas d'autres martyrs en Limousin.

Un jour que tout le peuple était assemblé au théâtre de la ville, situé sur les bords de la Vienne, saint Martial s'y rendit et se mit à prêcher l'Évangile. Il disait qu'il n'y a qu'un Dieu, que tous les hommes sont frères et doivent s'aimer entre eux, qu'il faut même pardonner à ses ennemis, que le pauvre et le riche, le maitre et le serviteur sont égaux devant le Créateur. Pour le punir de son audace on le fit saisir, battre de verges et jeter en prison. Mais une lumière brilla, dit-on, dans son cachot ; d'autres prodiges encore vinrent frapper les esprits. Les conversions s'opérèrent en grand nombre. Comme ceux d'Ahun, les prêtres d'Augustoritum embrassèrent la religion nouvelle. L'un d'eux, Aurélien, mérita même par son zèle d'être canonisé et de succéder à Martial. Limoges était désormais ville chrétienne.

La prédication de Martial ne fut pas bornée à Limoges et aux environs. On entendit la parole du saint dans tout le Centre et le Sud-Ouest de la Gaule et partout elle fit des prosélytes. Il bâtit des églises à Bordeaux, à Toulouse et dans les principales cités de la région. Aussi sa renommée s'étendit-elle jusqu'aux confins de la Gaule. Il n'est pas seulement connu comme le premier évêque de Limoges, mais encore comme « l'apôtre de l'Aquitaine ». Il a laissé une trace durable dans notre province. Il figure sur les armes de Limoges et c'est en partie à lui que notre ville doit l'importance qu'elle a prise de bonne heure.

III. — Héroïsme de Domnolet.

Lorsque l'Empire romain fut partagé entre les Barbares, le Limousin, comme le reste de l'Aquitaine, tomba sous la domination des Visigoths. Puis, Clovis s'empara de toute cette région après la bataille de Vouillé (507). Ses descendants furent des rois cruels, toujours engagés dans des luttes sanglantes, avides de carnage et de butin. Ils conduisaient parfois leurs fidèles guerriers au pillage de provinces du Midi alors plus riches que celles du Nord.

En 573, Théodebert, fils de Chilpéric, roi de Neustrie, pénétra dans l'Aquitaine : il désirait reprendre quelques villes : Tours, Poitiers, Limoges, notamment, à Sigebert, roi d'Austrasie. Sa puissante armée semait partout la ruine et la désolation. Déjà, il avait saccagé Tours et Poitiers et il approchait de Limoges dont la garnison, peu nombreuse, était mal garantie par des murailles en mauvais état. L'effroi était grand parmi les habitants. Mais il se trouva dans la ville un homme, Domnolet, qui voulut résister aux Barbares. Domnolet franchit l'enceinte et rangea en bataille sur la rive droite de la Vienne, près de l'endroit où se trouve aujourd'hui le pont Saint-Étienne, les hardis Limousins qui l'avaient suivi. Longtemps les guerriers de Théodebert furent tenus en échec par la petite troupe qui dut, à la fin, céder sous le nombre. Domnolet fut tué et, avec lui, presque tous ses compagnons. Les Francs entrèrent dans la cité de Limoges. Ils y commirent, dit un historien, des atrocités devant lesquelles les Huns et les Vandales auraient reculé.

Domnolet, dont l'Église a fait un saint, a sacrifié sa vie pour la défense de son pays. Sa mémoire ne doit pas périr, non plus que celle des braves combattants qui tombèrent à côté de lui. En souvenir de ce héros, la ville de Limoges a donné le nom de Saint Domnolet à l'une de ses plus anciennes rues.

IV. — Une émeute à Limoges (579).

Chilpéric, roi de Neustrie, avait la passion de l'argent. Il se préoccupait constamment d'augmenter ses trésors. Poussé par sa femme Frédégonde, plus cupide encore, il décida de faire payer, en Limousin, de nouveaux et lourds impôts, pour les champs, les bois, les maisons, le bétail et principalement pour le vin que produisaient alors les coteaux de la Vienne.

Pour dresser les rôles des nouvelles contributions, il fallait une enquête : chacun devait déclarer à l'envoyé du roi tout ce qu'il possédait. Cette tâche était délicate et même périlleuse, par suite du mécontentement général. On choisit pour la remplir un nommé Marcus, Gaulois courageux et rusé, qui s'entendait merveilleusement à faire rentrer les impôts et même à en prélever frauduleusement une part pour son compte personnel.

Marcus arriva à Limoges le 1er mars 579. Il se rendit à la curie, nom du tribunal à cette époque, et s'assit entre les magistrats et l'évêque Ferréol. Des gens de sa suite donnèrent connaissance des taxes nouvelles. Alors l'évêque se leva et dit avec fermeté que le roi avait juré, en prenant possession du Limousin, de ne pas y lever d'impôts nouveaux, ce qui était vrai. Mais l'orgueilleux Marcus déclara sur un ton hautain, qu'il n'y avait pas à discuter et qu'il fallait obéir aux ordres du roi. L'assemblée fit alors entendre des protestations et des murmures dont le bruit parvint à l'extérieur. Les paysans étaient venus très nombreux pour leurs affaires et leurs procès, car le 1er mars était à la fois jour de marché et d'audience. La curie fut envahie par le peuple, au comble de la fureur. On criait : « Pas d'impôts ! A bas Marcus ! A mort ! » Marcus aurait certainement perdu la vie sans l'évêque Ferréol qui le prit par la main et le conduisit à l'église Saint-Étienne, asile inviolable, d'où il put, quelques jours après, s'enfuir sans être aperçu. Un moment calmée par Ferréol, la foule tourna sa colère contre les livres du cadastre. Elle en fit un feu de joie sur la place publique, croyant par là avoir détruit toute trace des rôles d'impôts.

Mais les livres brûlés n'étaient que des copies; les originaux se trouvaient dans les coffres du roi. Chilpéric apprenant par Marcus ce qui s'était passé entra dans une violente fureur. Peu après, ses envoyés, accompagnés d'une véritable armée, arrivèrent à Limoges. A la vue des hommes d'armes tout Limoges trembla. Les impôts furent établis et même augmentés, cette fois sans résistance; les principaux habitants et notamment les prêtres furent publiquement torturés et le roi mit la main sur tout ce qu'ils possédaient. Toutefois, l'évêque Ferréol réussit par d'habiles démarches et avec l'aide d'Aredius, fondateur de *Saint-Yrieix,* très influent dans l'entourage du roi, à obtenir une diminution notable des charges mises injustement sur ses concitoyens.

V. — Saint Éloi.

Saint Éloi naquit à Chaptelat, près de Limoges, en 588. C'était le fils d'un paysan; dès son enfance, il montra une intelligence très vive et une grande adresse dans les travaux manuels. Frappé des dispositions de l'enfant, son père le mit en apprentissage chez un orfèvre de Limoges. Peu de temps après, Éloi était le premier ouvrier en métaux de la ville, qui en comptait alors d'excellents, si bien que sa réputation s'étendait au loin. Il vint à Paris et fut admis dans l'atelier où l'on fabriquait les monnaies du roi.

Le roi Clotaire II demanda un jour qu'on lui fabriquât un siège tout en or. Le travail fut confié au jeune Éloi, comme au plus capable de l'exécuter. Mais avec l'or donné pour un siège, Éloi trouva le moyen d'en faire deux semblables et tous deux d'un beau travail. Le roi fut émerveillé d'un si grand talent et surtout d'une probité si rare. Il fit venir devant lui le jeune ouvrier, le combla de présents et lui donna sa confiance.

Dès lors, Éloi devint directeur de la Monnaie royale. Et il se trouva que cet orfèvre était un homme instruit et prudent, parlant avec sagesse et facilité sur toutes sortes de questions et même sur les affaires du royaume. Le roi Dagobert Ier le recevait familièrement et ne pouvait se passer de lui; il n'entreprenait rien d'important sans lui demander ses conseils. Éloi se chargea d'une mission difficile auprès du duc de Bretagne et il la mena à bien.

Le roi Dagobert et son ministre Éloi.

Éloi demandait beaucoup au roi qui ne lui refusait rien. Les sommes qu'il recevait ainsi n'étaient pas destinées à l'enrichir. Tout cet argent allait chez les malheureux, les malades, les prisonniers : Éloi était bienfaisant et charitable. Un de ses plus chers désirs, c'était de fonder une abbaye dans son pays d'origine. Il obtint du roi la terre de *Solignac* où il bâtit un monastère qui devint célèbre dans toute la Gaule par sa large hospitalité : on y admettait comme religieux tous les esclaves qui se présentaient. Les moines de Solignac, en souvenir de leur fondateur, se livrèrent à l'orfèvrerie. Leurs travaux eurent une grande réputation pendant le moyen âge.

Saint Éloi devint évêque de Noyon en 640 et il continua de faire le bien autour de lui. C'était le véritable ami des pauvres et des déshérités. Au milieu des honneurs, il n'oublia jamais ses modestes parents et la terre natale. Avant sa mort survenue en 659 il voulut revoir le Limousin et la petite maison où il était venu au monde. Toute la Gaule le regretta et sa mémoire vécut longtemps parmi le peuple.

VI. — Pépin le Bref et Vaïfre.

L'Aquitaine ne ressemblait pas aux provinces du nord : elle tenta souvent de s'en séparer et de s'organiser avec des chefs particuliers. Sous des prétextes divers, la guerre éclata. Elle devait être longue et malheureuse pour notre province : mais elle fut surtout acharnée sous Pépin, père de Charlemagne.

Pépin trouva en face de lui un adversaire redoutable, Vaïfre, duc d'Aquitaine. Ces deux hommes étaient bien différents. Pépin était de petite taille, et, toutefois, d'une bravoure fougueuse et emportée. Vaïfre, véritable géant, courageux comme son rival, était, avec cela, prudent et avisé. Ce fut le Limousin qui se trouva être le champ de bataille des armées du Nord et de celles du Midi. Il connut alors toutes les horreurs de la guerre.

En 763, Pépin franchit la Loire, poussant devant lui les troupes aquitaines. Il entra à Limoges et détruisit la cité de fond en comble. Le pays fut dévasté sans pitié. Les Francs coupaient les arbres, brûlaient les maisons, prenaient les bestiaux, mettaient à mort les vieillards, les femmes et les enfants qui n'avaient pu fuir. Les vignobles, alors nombreux en Limousin, furent anéantis par le feu.

Les moines avaient pris part à la défense du pays : on rasa les monastères. Une grande bataille eut lieu à *Yssandon*, non loin de Brive. Pépin fut victorieux.

Sac de Limoges par Pépin le Bref.

Avant de quitter le pays il bâtit à *Uzerche* une forteresse redoutable dont la garnison devait surveiller à la fois le haut et le bas Limousin.

Dès que Pépin se fut éloigné, Vaïfre reparut. A son tour, il ordonna de raser les fortifications de Limoges. Pépin accourut et les scènes de pillage se renouvelèrent : notre malheureuse province est surnommée la « chasse des Francs ». Enfin, près de Périgueux, Vaïfre périt dans une rencontre : quelques-uns prétendent qu'il fut assassiné. La lutte devait continuer avec d'autres chefs, mais en dehors du Limousin. Pépin mourut quelque temps après Vaïfre. Pour ménager l'Église et lui faire oublier le mal qu'il avait causé, il donna au chapitre de Saint-Étienne, aujourd'hui la cathédrale de Limoges, la terre de Salagnac, près du Grand-Bourg (Creuse). Cette période est l'une des plus tristes de notre histoire locale.

VII. — Les Normands en Limousin.

Quoique éloigné de la mer, le Limousin n'a pas échappé aux Normands. Ils réussirent à remonter, avec leurs bateaux, le cours de la Dordogne, de la

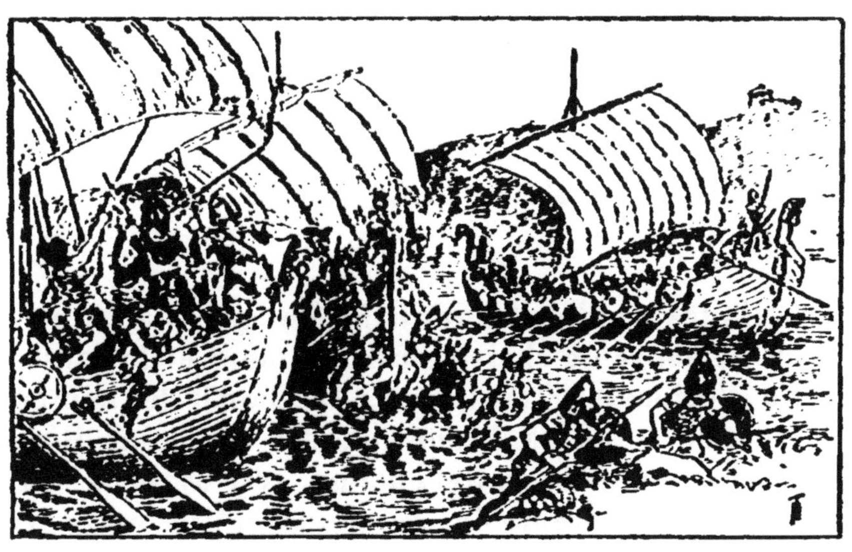

Les Normands envahissent la Gaule en remontant le cours des fleuves et des rivières.

Vienne, de la Creuse et pénétrèrent au cœur de la province. Ils en voulaient aux richesses qu'ils allaient prendre partout où elles se trouvaient. Ils entraient sans hésiter dans les églises et les abbayes et faisaient main basse sur les objets d'or et d'argent qu'ils s'empressaient de porter en lieu sûr. Frappés de terreur, les habitants du Limousin désertaient villes et villages et cherchaient asile dans des souterrains.

En 847, les Normands livrent Limoges au pillage, détruisent le château que Louis le Débonnaire avait fait construire au Palais, incendient l'abbaye du *Chalard*, près de Saint-Yrieix, et en mettent à mort tous les religieux. Puis c'est le tour de l'abbaye de Solignac (864), du monastère de Saint-Junien (880). En 892, le roi Eudes se décide à les combattre et rassemble en Aquitaine dix mille cavaliers et six mille fantassins. La bataille eut lieu en Auvergne, près de Montpensier. Ce fut une terrible mêlée où les barbares, taillés en pièces, lâchèrent pied. Leur chef, *Cathill*, découvert dans un bois où il s'était caché, tomba entre les mains du roi.

Eudes conduisit Cathill à Limoges. Là, on le mit en demeure de choisir entre la mort et le baptême. Le Normand n'hésita pas. Il choisit le baptême; mais on « doute beaucoup, dit le moine Richer, chroniqueur de cette époque, s'il avait la foi. » Pendant la cérémonie, en pleine église, un guerrier franc qui avait porté l'étendard à la bataille de Montpensier, tira son épée et en frappa mortellement Cathill dont la conversion n'était, disait-il, dictée que par un sentiment de crainte. Eudes courroucé, ordonna d'arrêter le meurtrier, mais celui-ci courut embrasser l'autel de saint Martial, ce qui le rendait inviolable, et demanda grâce. On finit par calmer le roi, en lui disant que si Cathill s'était vraiment converti, il jouissait du bonheur que la religion chrétienne attribue aux justes dans le paradis, et que si sa conversion était une ruse, on devait s'estimer heureux du châtiment infligé.

Les Normands reparurent en Limousin. En 930, le roi Raoul vint les combattre et leur offrit la bataille à Limoges. Mais, trop faibles, ils préférèrent battre en retraite. L'armée de Raoul se lança à leur poursuite et les atteignit à l'endroit appelé les Détresses, près de *Beaulieu* (Corrèze). Ils furent complètement défaits. Ils s'éloignèrent et, cette fois, pour toujours. Les Normands ont cruellement ravagé le Limousin : un vieil historien dit que partout où ils avaient passé, on n'aurait pas entendu un chien aboyer. Mais nous pouvons remarquer avec fierté que jamais nous n'avons essayé d'obtenir leur départ à prix d'argent et qu'ils ont été chassés de chez nous par la force.

VIII. — La féodalité.
Condition du peuple au Moyen Age.

Les périls sans cesse renouvelés par les invasions normandes firent sentir le besoin d'asiles où l'on

Ruines de Crozant.

pourrait se réfugier et se défendre. Les seigneurs, les évêques, les abbés firent construire des *châteaux forts*. Les plus anciens sont ceux de *Limoges*, *Bellac*,

Solignac, Turenne, Ségur, Crozant dont on voit des ruines imposantes au confluent de la Creuse et de la Sedelle, le *Palais,* près de Limoges, dont il n'est rien resté.

Les plus grands seigneurs, qui avaient au-dessous d'eux des seigneurs de moindre importance, leurs vassaux ou arrière-vassaux, étaient dans notre région, le comte de la *Marche,* les vicomtes de *Limoges,* d'*Aubusson,* de *Rochechouart,* de *Comborn,* de *Ventadour* et de *Turenne.*

Serfs au travail (d'après une ancienne miniature).

Le peuple des campagnes était étroitement soumis aux seigneurs féodaux. Grâce au christianisme, il n'y avait plus depuis longtemps d'esclaves dans notre pays, mais les *serfs,* qui les avaient remplacés, n'étaient guère plus libres. Ils sont attachés à la terre qu'ils travaillent sans pouvoir la posséder ; on les vend avec le domaine sur lequel ils se trouvent. Les *colliberts,* sortes de colons, étaient un peu plus favorisés : ils avaient le droit d'acquérir quelques parcelles de terrain et parfois de les transmettre par testament. On trouvait surtout des colliberts à *Limoges,* à *Solignac,* à *Uzerche*. Ceux de l'abbaye de *Beaulieu* pouvaient hériter de tout ce que possédaient leurs parents.

Au XIVe siècle, il ne restait pour ainsi dire plus de serfs dans la contrée. Pourtant le seigneur de Pierrebuffière n'affranchit ceux de Clavérolas, près de Nedde (Haute-Vienne), qu'en 1431. A Jalesches (Creuse) ils furent libérés en 1628 seulement. Les serfs affranchis devenaient des vilains qui restaient « taillables et corvéables à merci ». Quoique leur condition fût encore très dure, ils réussissaient quelquefois à amasser de véritables fortunes. On en cite à qui il fut permis d'entrer dans la noblesse. Ainsi, les seigneurs de *Maulmont* avaient pour ancêtre un paysan de Ventadour.

Quand le baron ne faisait pas de la guerre son passe-temps favori et que les récoltes étaient bonnes, nos ancêtres n'étaient point malheureux. On a remarqué que tous nos hameaux ou villages existaient déjà au Xe siècle et on a de bonnes raisons d'admettre que vers le XIIIe siècle ils étaient aussi peuplés que de nos jours : ce sont les villes seules qui se sont accrues.

Mais la guerre et la disette causaient d'épouvantables misères. Les denrées ne circulaient pas d'un point à un autre. Ignorants et insouciants, les paysans ne connaissaient guère la prévoyance. Aussi ont-ils fréquemment souffert de la famine. On les voyait mendier par bandes à la porte des villes, des châteaux, des monastères et se livrer à de terribles violences quand un morceau de pain ne venait pas assouvir leur faim.

IX. — La 1re Croisade.
Gouffier de Lastours et Raymond de Turenne.

Après avoir prêché la Croisade à Clermont, le pape Urbain II vint à Limoges. C'était pendant les fêtes de Noël de 1095. La présence du pontife attira une foule immense ; à plus de mille pas on ne voyait que des têtes. Urbain parla en plein air, exhortant ceux qui l'écoutaient à prendre les armes pour la cause du Christ. Son éloquence eut un prodigieux effet sur la multitude remplie de foi. On se croisa sur l'heure. Riches et pauvres, vieux et jeunes, clercs et laïques veulent voir les Lieux Saints et les délivrer. Les croisés marchois et limousins partirent sous la conduite de Raymond, comte de Toulouse, et d'Adhémar, évêque du Puy. Beaucoup périrent sur l'interminable route, fort peu arrivèrent à Jérusalem ; mais tous firent bravement leur devoir. Les historiens ont relaté les exploits de deux chevaliers limousins : Gouffier de Lastours et Raymond de Turenne.

Gouffier de Lastours se distingua au siège de Marrah. Cette ville bien défendue tardait à ouvrir ses portes. On roula près des murs une haute tour en bois du haut de laquelle on lançait sur les assiégés des flèches et de grosses pierres. Gouffier de Lastours dressa alors une échelle et, le premier, monta hardiment à l'assaut. Il est bientôt sur les remparts. Mais, derrière lui, l'échelle s'est rompue sous le poids de ses compagnons qui retombent dans le fossé et le voilà seul, exposé aux coups des ennemis. Heureusement, la plate-forme étroite ne permet l'approche que d'un Musulman à la fois et Gouffier a bientôt fait de s'en débarrasser. Cependant il lui fallait combattre sans relâche. A la fin, accablé de fatigue, dégouttant de sueur, il se sentait à bout de forces. Il allait succomber lorsque de grands cris se firent entendre. Les Croisés avaient ouvert à la base des murailles une large brèche et s'étaient rués à l'intérieur. Gouffier de Lastours se sentit ranimé et se lança à la poursuite des ennemis dont il tua un grand nombre.

S'il faut en croire un récit populaire, un jour Gouffier fut attiré dans un endroit écarté par des rugissements. Il se trouva en présence d'un lion qu'un énorme serpent étouffait dans ses replis. Tirant son épée, le vaillant chevalier découpa le reptile en plusieurs tronçons. Ce bienfait n'aurait pas été perdu. On prétend qu'après sa délivrance le lion, reconnaissant, suivit l'homme d'armes comme un chien fidèle et lui rendit maint service, tant à la guerre qu'à la chasse.

Gouffier de Lastours rapporta en Limousin cinq étendards qu'il avait pris sur les Musulmans.

Raymond de Turenne se trouvait un jour avec cinq compagnons seulement sur la route de Tripoli. Il rencontra soixante Sarrasins conduisant un convoi de prisonniers chrétiens et quinze cents têtes de bétail. Raymond, sans hésiter, fond sur les infidèles, les met en déroute et ramène au camp un riche butin.

Au siège de Jérusalem, Raymond se fit encore remarquer. Avec un autre chevalier, il surveillait comme éclaireur les Musulmans du dehors. Il en attaqua trois cents, les dispersa et s'empara de plusieurs chevaux. Une flotte avait amené des provisions

Ruines du château de Turenne.

pour les Croisés dans le port de Jaffa. La petite troupe qui allait les prendre est tout à coup enveloppée par une multitude de cavaliers. Mais Raymond de Turenne était là. Il ranima tous les courages et les ennemis, vigoureusement chargés, se dispersèrent.

Revenu en Limousin, Raymond bâtit près de Turenne deux hôpitaux dont l'un pour les lépreux. Il était aussi charitable que pieux et vaillant.

X. — Les Brabançons.

Sous les Capétiens, il n'y avait pas d'armées permanentes. Les chefs levaient des troupes, les équipaient et les payaient; après la guerre les soldats retournaient dans leurs foyers. Mais la plupart avaient perdu l'habitude du travail régulier et pris le goût du pillage et de la débauche. Ils restaient en armes jusqu'à ce qu'ils fussent enrôlés pour une expédition nouvelle. Réunis en bandes, ils continuaient à vivre sur le pays, plus redoutés des paysans que la famine et la peste. On les appelait *Brabançons* parce que beaucoup venaient du Brabant, province des Pays-Bas, mais il y en avait de toutes les contrées de l'Europe. Ils étaient encore désignés sous le nom de *paillers* parce qu'ils mettaient à leur chapeau de la paille pour avertir qu'ils étaient prêts à allumer l'incendie : toujours quelques chaumières flambaient sur leur passage.

Le Limousin était ruiné par ces brigands qui avaient établi leur repaire à *Malemort* près de Brive. On n'osait pas les attaquer. Les rois seuls auraient eu les moyens de le faire; mais, comme ils avaient souvent besoin de leurs services, ils aimaient mieux les ménager.

Ce furent les évêques de Limoges qui eurent le mérite d'en délivrer le pays. Ils avaient d'abord excommunié les hommes d'armes qui maltraitaient les faibles. Puis ils les menacèrent de privation de sépulture. Mais les routiers se moquaient de ces peines, pourtant très redoutées, à cette époque. Il fallut les attaquer avec d'autres armes. En 1177, l'abbé de Saint-Martial, Izambert, prêcha contre eux une croisade à Limoges. Une armée de nobles et de roturiers limousins se forma et se mit en marche sous les ordres du vicomte de Limoges, de l'abbé et de l'évêque. A Saint-Germain-les-Belles, à Tulle, à Brive des renforts arrivèrent. La rencontre eut lieu à *Malemort*. Le combat, acharné de part et d'autre, dura cinq heures. Les Brabançons vaincus se débandèrent, laissant 2 500 des leurs sur le champ de bataille.

En 1183, leurs bandes s'étaient reformées sous le nom de « légions infernales ». Un samedi matin, ils entrèrent par surprise dans *Saint-Léonard* et y tuèrent 200 personnes. Sous leur chef *Malinvaud*, ils commettaient les pires excès. Les paysans ne labouraient plus, les marchands n'osaient étaler leurs marchandises; c'est à peine si l'on apercevait sur les routes quelques rares voyageurs. L'évêque Chabot adressa un pressant appel aux Limousins de toutes les classes et réunit une forte armée. 6 000 Brabançons, attaqués avec vigueur près d'*Ahun*, furent encore battus, poursuivis jusqu'à *Evaux* et obligés de chercher asile dans les montagnes de l'Auvergne.

La dernière campagne contre ces malandrins eut lieu en 1204. Elle était aussi dirigée par l'évêque, Jean de Veyrac, et par le vicomte de Limoges. Cette fois encore le succès fut complet. Vaincus à *Saint-Léonard*, les bandits, vivement poussés jusque vers Brive, furent rejetés hors de la province où ils ne paraissent pas être revenus.

XI. — Henri Plantagenet et ses fils.

Éléonore d'Aquitaine, femme répudiée de Louis VII, avait apporté de vastes territoires à son nouveau mari, le roi d'Angleterre, Henri Plantagenet ; mais elle ne lui apporta pas la tranquillité. Éléonore et Henri eurent une existence malheureuse et pleine d'aventures. La discorde n'avait pas tardé à se mettre entre eux. Lorsque leurs enfants eurent l'âge d'homme, Éléonore les poussa à se révolter. Une bonne partie de la vie du roi fut employée à combattre trois de ses fils, Henri, Geoffroy et Richard Cœur-de-Lion.

Un épisode de cette lutte eut lieu à Limoges. Tous les seigneurs limousins, poussés par Bertrand de Born, moitié homme de guerre, moitié poète et, de plus, Gascon fort intrigant, avaient pris le parti des fils contre le père. Ils croyaient en cela servir les intérêts de l'Aquitaine, toujours désireuse de se rendre indépendante. Le quartier général des rebelles était au *Dorat*. Le roi vint assiéger Limoges, défendu par ses deux fils Geoffroy et Henri. Celui-ci voulut ménager une entrevue pour la paix.

Il fut convenu que le roi d'Angleterre entrerait librement à Limoges et qu'il s'entretiendrait avec Geoffroy sur la grande place du marché. Quand il fut en vue des murailles, Henri reçut une volée de flèches dont l'une blessa un de ses chevaliers. On s'excusa, prétextant une méprise, et le roi pénétra dans la ville. Les pourparlers s'engagèrent. Mais les

Henri Plantagenet et son fils Geoffroy.

Aquitains qui formaient la garnison du château reconnurent le roi à ses habits et à la bannière qui était près de lui. Ils le visèrent de nouveau et un carreau d'arbalète perça l'oreille de son cheval. Les larmes lui vinrent aux yeux. Il fit ramasser la flèche et la présentant à Geoffroy : « Parle, mon fils, lui dit-il, que t'a fait ton malheureux père, pour mériter que tu fasses de lui un but pour tes archers ? »

La guerre devait continuer longtemps malgré des réconciliations passagères. A la suite d'une révolte de Richard Cœur-de-Lion, qui s'était allié à Philippe-Auguste, le vieux roi Henri tomba malade. La nouvelle que son plus jeune fils, Jean Sans-Terre, qu'il aimait tendrement, était parmi les révoltés lui porta le dernier coup. Il mourut au milieu d'un profond désespoir. « Maudit soit le jour où je suis né, s'écriait-il, et maudits soient de Dieu les fils que je laisse. » Les évêques et autres gens d'Église qui l'assistaient à ses derniers moments s'efforcèrent de lui faire rétracter ces paroles, mais ce fut en vain.

Sceau de Jean Sans-Terre.

XII. — Mort de Richard Cœur-de-Lion (1199).

Lorsque Richard Cœur-de-Lion faisait la guerre à Philippe-Auguste, le vicomte de Limoges, son vassal, n'avait pas marché avec lui ; il avait même signé en secret un traité avec le roi de France. Richard résolut de l'en punir et de détruire plusieurs châteaux du Limousin.

Le 23 mars 1199, Richard Cœur-de-Lion vint assiéger *Châlus*. Il voulait s'emparer d'abord de cette forteresse parce qu'il pensait y découvrir un riche trésor, la statue en or massif d'un père et de ses trois filles, assis devant une table également en or, le tout de grandeur naturelle. Richard avait une nombreuse armée de Brabançons, commandée par le cruel Mercadier. Châlus n'était occupé que par deux chevaliers, Pierre Brun et Pierre Basile, accompagnés de quelques hommes d'armes. La petite garnison, composée de trente-huit personnes, en y comprenant les femmes, ne pouvait tenir longtemps devant les forces du roi d'Angleterre.

Richard ordonna à ses mineurs de saper la grosse tour et à ses arbalétriers de diriger sur les créneaux une grêle de flèches. Les défenseurs n'osaient se montrer. Par les mâchicoulis, ils laissaient bien tomber de grosses pierres, mais elles n'atteignaient personne.

Le vendredi 26 mars 1199, Richard Cœur-de-Lion s'approcha des murs pour choisir l'endroit où il ferait donner l'assaut. Il était sans défiance et sans armes ; on portait seulement devant lui un bouclier qui ne protégeait que sa poitrine. Mais, de la grosse tour, quelqu'un l'observait et l'avait reconnu.

Ruines du château de Châlus.

C'était Pierre Basile. Il lança au roi une flèche qui l'atteignit à la rencontre du cou et de l'épaule. Sans une plainte, Richard monta sur son cheval et revint à sa tente. Là, il arracha lui-même le bois de la flèche, mais le fer resta dans la plaie. Pour l'extraire on fut obligé d'agrandir l'ouverture. D'ailleurs le roi ne voulut pas se soigner et bientôt sa dernière heure arriva.

Richard Cœur-de-Lion vit approcher la mort sans crainte et s'y prépara de son mieux. La forteresse de Châlus ayant été prise ainsi que ses défenseurs, le roi fit venir Pierre Basile, lui pardonna et lui promit une somme d'argent. Mercadier devait plus tard mépriser cet ordre et faire écorcher vif le brave chevalier.

Richard écrivit une lettre d'adieu à sa mère Éléonore d'Aquitaine. Il fit don de son cœur à la ville de Rouen dont la fidélité ne s'était jamais démentie. Il avoua ses fautes avec une entière sincérité, sans oublier la plus grave, sa révolte contre son père. « Je veux être enterré, dit-il, à Fontevrault, aux pieds de mon père que j'ai indignement trahi, et je veux par là lui faire amende honorable. » Ainsi périt sans éclat, par surprise, un roi puissant, héros glorieux de maintes batailles. On disait que la fourmi limousine avait tué le lion anglais. La petite fourmi, c'était Pierre Basile, le pauvre chevalier qui n'avait que son arc et ses flèches; le lion, c'était le fier et valeureux Richard, chef d'une armée de chevaliers, braves comme lui, qui se seraient fait tuer jusqu'au dernier pour sa défense.

XIII. — Hugues de Lusignan, comte de la Marche. — Batailles de Taillebourg et de Saintes.

Vers le commencement du xiiie siècle, la Marche avait pour comte *Hugues de Lusignan* qui a joué un rôle important comme adversaire malheureux de saint Louis. Hugues avait épousé *Isabelle d'Angoulême*, veuve de Jean Sans-Terre et mère de Henri III, roi d'Angleterre. C'était une des plus belles femmes de son temps ; mais, hautaine et violente, elle dominait complètement son mari. La comtesse-reine, comme on appelait Isabelle, avait voué une haine mortelle à *Blanche de Castille* et, d'ailleurs, elle ne pardonnait pas aux rois de France de s'être emparés de l'héritage des Plantagenets.

Alphonse, frère de saint Louis, avait reçu en apanage le Poitou, récemment conquis sur l'Angleterre. Le roi et son frère séjournèrent à Poitiers pour recevoir l'hommage de leurs vassaux qui vinrent très nombreux. Hugues s'y rendit comme les autres et donna l'assurance de sa fidélité. Saint Louis fut même son hôte pendant quelques jours. Voyant cela Isabelle entra dans une terrible colère. Elle quitta Lusignan, emportant tous les meubles qui garnissaient la chambre occupée par le roi, et se retira à Angoulême. Son mari étant venu l'y rejoindre, elle lui jeta ces paroles : « Fuyez, homme vil et abject, vous qui honorez ceux qui vous dépouillent ! »

Isabelle fit tant qu'une ligue de seigneurs se forma contre le roi. Hugues se rendit encore une fois à Poitiers, comme s'il voulait renouveler l'hommage, mais c'était, en réalité, pour défier le nouveau comte. « Je ne te dois nul hommage, dit-il à Alphonse, ni à toi, ni à aucun fils de Blanche. Tu as volé le comté de Poitiers. Je ne suis sujet que du roi d'Angleterre ! » Il se retira fièrement au milieu de ses arbalétriers poitevins qui avaient leur arbalète toute tendue, mit le feu à la maison où il avait passé la nuit et s'enfuit au grand galop de son cheval.

La guerre fut courte. Saint Louis arriva bientôt avec une forte armée. Hugues et le roi d'Angleterre, son allié, n'avaient pu lever que des forces insuffisantes ; tous deux furent complètement défaits à *Taillebourg* et à *Saintes* (1242). Quelques jours après cette dernière bataille, comme saint Louis campait dans une prairie, il vit venir à lui Hugues, Isabelle et leurs trois enfants. Ils avaient une attitude humble et suppliante et demandèrent la paix. Elle leur fut accordée à des conditions assez dures, mais ils conservèrent pourtant la Marche et l'Angoumois. La forteresse de *Crozant* était cédée au roi pour une période de huit ans. Hugues de Lusignan partit pour la croisade ; il fut tué à la bataille de Damiette, en Égypte, aux côtés de saint Louis, comme un brave et fidèle chevalier (1249).

XIV. — Orfèvres et émailleurs.

Dès les temps les plus reculés, le travail des métaux précieux fut en honneur à Limoges ; on croit qu'au ve siècle nos aïeux se faisaient déjà remarquer par leur habileté comme *orfèvres*. On trouve encore dans notre ville la *rue des Argentiers*. Un autre art délicat a jeté le plus vif éclat sur le passé de Limoges, c'est celui de l'*émail*. Les émailleurs avaient trouvé le moyen de recouvrir l'or, l'argent et le cuivre de couches de verre fondu et ils obtenaient ainsi des travaux gracieux, aux couleurs toujours fraîches, qui avaient un grand prix.

L'histoire n'a pas conservé les noms de tous les émailleurs et orfèvres de talent qui illustrèrent jadis leur art et leur ville. Au vi^e siècle nous voyons à Limoges l'orfèvre Abbon, le maître de saint Éloi. Les moines de Solignac et ceux de Grandmont s'adonnent tous au travail des métaux. Longtemps après, saint Louis demande à des artistes limousins d'émailler la tombe de deux de ses enfants. Vers 1275, un émailleur, Jean de Limoges, était appelé en Angleterre pour un travail du même genre. Le plus célèbre de tous est *Léonard Limosin*, né en 1505, que François Ier voulut avoir près de lui et auquel il donna le titre de peintre et d'émailleur du roi.

Le grand artiste fit les portraits de ce souverain, de son fils Henri II, de Catherine de Médicis et des

Un atelier d'émailleurs au XVIe siècle.

principaux personnages de la Cour. Nous lui devons plus de dix-huit cents émaux. Ses chefs-d'œuvre sont presque tous au musée du Louvre, à Paris. Il mourut en 1577.

Nos émaux étaient renommés dans toute la France et dans l'Europe entière : partout, on disait couramment une *œuvre de Limoges*, ou même *un Limoges*

pour désigner un objet artistique. Les grands seigneurs les achetaient fort cher et les envoyaient au roi, pour se faire bien voir. Les rois offraient des émaux aux autres rois. Les familles étrangères commandaient à Limoges leur vaisselle de luxe. Notre cité connut des jours prospères. Ses émaux lui attirèrent à la fois réputation et richesse.

Émail de Limoges conservé au Musée du Louvre.

Au XVIIIe siècle, la découverte du kaolin porta un coup funeste à l'art des émaux : on préféra les objets en porcelaine, de beaucoup moins chers. L'émail ne s'est pas entièrement perdu ; on en fabrique encore à Limoges, mais il n'a plus, comme industrie, son importance d'autrefois.

Les émaux du moyen âge étaient, pour la plupart, des objets religieux, destinés aux abbayes et aux églises. Les Normands en ont dérobé un grand nombre. Les Anglais ont emporté presque tous ceux qui se trouvaient aux abbayes de Saint-Martial et de Grandmont. Il en reste encore dans les musées. Quelques églises en ont conservé des spécimens d'une valeur inappréciable : celle des Billanges, un beau reliquaire ; celle de Saint-Sulpice-les-Feuilles, un ange ; enfin, celles d'Ambazac et de Gimel ont des châsses célèbres.

XV. — Guerre de la Vicomté.

Lorsque les vicomtes de Limoges avaient pris le parti des rois de France, les habitants d'un quartier de la ville qu'on appelait *le Château* s'étaient, au contraire, placés sous la protection des rois d'Angleterre. Pour les récompenser, Richard Cœur-de-Lion et Jean Sans-Terre leur avaient accordé toutes les franchises et toutes les libertés qui constituaient alors une *commune*. Ainsi, ils eurent le droit de battre monnaie, d'organiser la police, de rendre la justice, de réparer les voies publiques et les murailles. Il en résulta une longue lutte entre les bourgeois et les vicomtes. Ceux-ci, grâce à l'appui de Philippe-Auguste, l'emportèrent, et la paix fut un moment rétablie.

Mais, par le traité d'Abbeville (1259), saint Louis rendit les provinces qu'il estimait injustement acquises par son aïeul. C'est ainsi que le Château fut replacé sous la dépendance des rois d'Angleterre. Les habitants avaient gardé un bon souvenir de la domination étrangère. Ils crurent que la commune allait être rétablie. De son côté, le vicomte, Gui, tenait à conserver tous les pouvoirs. La guerre éclata.

Les bourgeois se battaient bien. Un combat acharné eut lieu autour du monastère de Saint-Martial (6 janvier 1262). Le vicomte, repoussé, s'enfuit. Les portes furent fermées derrière lui et les murailles mises en état de défense. Gui occupa fortement les châteaux qu'il possédait autour de Limoges, Noblat, Châlucet, Aixe et organisa le blocus. Toutes les personnes qui sortaient de la ville ou qui s'y rendaient étaient arrêtées ; les denrées qu'on essayait d'y introduire étaient saisies. Sur ces entrefaites Gui mourut, mais la lutte continua sous la direction de sa femme Marguerite de Bourgogne, plus énergique encore que son mari. Les bourgeois prirent Châlucet, remportèrent une victoire entre Limoges et Aixe, brûlèrent cette dernière ville, et battirent leurs adversaires à Montjovis (1273).

L'année suivante, le roi de France Philippe III intervint avec des forces imposantes. Les habitants ne pouvaient résister plus longtemps. Tout en larmes, ils supplièrent le roi d'Angleterre de les défendre, mais celui-ci ne tenait pas à se brouiller avec Philippe III. Il ne leur envoya que des secours insignifiants et sans prendre ouvertement leur cause en main.

La vicomtesse rentra en triomphe dans Limoges. Les bourgeois lui apportèrent les clefs de la ville jusqu'au pont de l'Aurence, sur la route d'Aixe. Ils abandonnaient tous leurs privilèges, toutes leurs libertés et s'obligeaient à payer trente mille livres, en cas de nouvelle révolte. Un peu plus tard le Parlement les condamna à verser à la vicomtesse, pour les préjudices causés par la guerre, dix mille livres.

d'indemnité, qui vaudraient aujourd'hui un demi-million de francs.

Les braves habitants de Limoges s'étaient courageusement battus pendant plus de treize années pour la défense de leurs droits. Il fallut pour les réduire toute la puissance royale.

XVI. — Guerre de Cent Ans. — Prise et délivrance de Tulle. — Peste noire.

A l'approche de la guerre de Cent Ans, le Limousin prit parti pour le roi de France. Vers 1340, on remarquait une grande activité dans toute la province. Brive, Tulle, Limoges réparaient leurs murailles, se mettaient en mesure de recevoir l'ennemi. Des impôts nouveaux furent levés pour soutenir la lutte. Les habitants de Limoges fournirent à une armée française qui opérait en Gascogne quatre gros engins de guerre dont les effets étaient, dit-on, terrifiants. Ils fracassaient le haut des tours et obligeaient les assiégés à se cacher dans des voûtes souterraines. Peut-être étaient-ce des canons ou bombardes que l'on commençait à employer dans les sièges et les batailles.

Après leur victoire de Crécy, les Anglais devinrent hardis et pressants. Leurs troupes parcouraient le Limousin en tous sens, ravageant et pillant. En octobre 1346, une forte armée anglaise mit le siège devant Tulle. Les murailles étaient hautes et épaisses, les portes solidement fermées. La garnison faisait bonne garde et il était impossible de la surprendre ; de temps à autre, elle tentait même de brusques sorties qui causaient des pertes aux assiégeants. Malheureusement ces braves défenseurs n'étaient qu'une poignée. Ne voyant pas venir de secours, ils se rendirent le 1er novembre 1346. Les Anglais mirent une garnison de 400 hommes dans la ville.

Le comte d'Armagnac, lieutenant de Philippe VI en Limousin, arriva enfin avec quelques troupes. C'était trop tard! Il essaya de reprendre la ville. Comme son armée était peu nombreuse, il demanda des renforts à toutes les places de la province. Cependant, toutes les cités pouvaient être attaquées; elles s'attendaient à voir paraître les Anglais à chaque instant; il leur fallait combattre, hors de leurs enceintes, des bandes d'audacieux pillards. Elles refusèrent l'aide réclamée et donnèrent même au comte d'Armagnac le conseil de traiter avec l'ennemi. Mais celui-ci n'en voulut rien faire. Il redoubla d'efforts et, dans le courant de novembre, il réussit à pénétrer dans Tulle où il fut accueilli avec des transports de joie.

La disette, puis une cruelle famine suivirent la guerre. Les campagnes incultes ne produisaient presque rien; les fruits de la terre suffisaient à peine aux troupes qui sans cesse battaient le pays. Ce n'est pas tout. Un mal terrible, la peste noire, d'ordinaire inconnu dans nos régions, ravagea la France et l'Europe. En Limousin, aucune ville n'y échappa. Tulle, resserrée dans une étroite et profonde vallée, manquant d'air et, aussi, de propreté, fut durement éprouvée. Un sixième des habitants mourut; certaines familles disparurent tout à fait. L'on vivait dans une profonde angoisse : chacun croyait la fin du monde arrivée. Enfin, le fléau disparut en juin 1348. Chaque année, le jour de la Saint-Jean, les Tullistes célèbrent par de joyeuses fêtes le souvenir de leur délivrance.

XVII. — Le Prince Noir à Limoges.

Le honteux traité de Brétigny avait cédé à l'Angleterre la « Cité et le Chastel de Limoges, la terre et le pays de Limosin ». Les habitants du Château étaient favorables à la domination anglaise qui leur avait valu autrefois les privilèges de leur Commune. Les seigneurs de la région, au contraire, avaient fait bravement leur devoir à Poitiers, aux côtés du roi Jean : ils étaient Français de cœur. Après quelque temps, ils se plaignirent des lourds impôts que levait le Prince Noir. Charles V prononça alors la confiscation de toute la province. *Le Dorat* ferma aussitôt ses portes aux Anglais. *Rochechouart* repoussa leurs attaques furieuses.

La Cité de Limoges appartenait à l'évêque, Jean de Cros, depuis longtemps partisan des Anglais. Il était parrain de l'un des enfants du Prince Noir qui avait en lui la plus grande confiance. Cependant Jean de Cros trahissait au profit du roi de France : il avait secrètement promis de livrer la Cité à Charles V. Pour calmer les inquiétudes des habitants qui craignaient beaucoup le Prince Noir, l'évêque leur assura que le prince était mort à Angoulême, qu'il avait lui-même assisté récemment à ses funérailles. Les portes furent alors ouvertes à Duguesclin qui confia la Cité à la garde de trois braves chevaliers et courut assiéger *Saint-Yrieix* qui se rendit.

Lorsque le Prince Noir apprit la trahison de son ami l'évêque de Limoges il entra dans une violente colère et fit de terribles serments. Il jura par l'âme de son père qu'il tirerait de cette félonie une vengeance dont il serait parlé. De Cognac où il se trouvait, il se mit aussitôt en marche vers Limoges avec 5000 hommes commandés par ses deux frères et par un autre prince qu'il traitait en frère. Lui-même, malade, se faisait porter en litière. A voir passer en si bon ordre ces fières troupes, les habitants frémissaient de terreur.

Ayant reconnu que la place était forte et bien gardée, les Anglais résolurent de miner l'enceinte. Les soldats eurent bientôt creusé une profonde tranchée sous la muraille qu'ils maintenaient au moyen de grosses pièces de bois. Le 19 septembre 1370, le feu est mis aux étançons et le mur s'écroule avec fracas sur une longueur de plus de soixante mètres. Les habitants épouvantés se sauvaient dans toutes les directions.

L'armée anglaise gravit rapidement la petite rue montante qui conduisait à la place de la Cathédrale et qui porte aujourd'hui le nom de rue Porte-Panet. Hommes et femmes se jetaient au-devant de la litière du Prince Noir en criant : « Grâce ! Grâce ! gentil sire ! » Mais il était si enflammé d'ardeur qu'il ne les écoutait pas et les faisait tous mettre à mort. Beaucoup de malheureux avaient cherché asile dans l'église. Ils en furent arrachés et passés au fil de l'épée.

Les trois frères du prince Noir se battant contre trois chevaliers français.

La petite garnison, composée de 80 hommes d'armes, s'était retranchée dans une étroite cour, au midi de la cathédrale. Les trois chevaliers qui la commandaient, appuyés contre un vieux mur, se préparaient à une résistance désespérée. Les 5000 soldats anglais en auraient eu aisément raison. Toutefois, pour bien montrer leur générosité et leur supériorité, les trois frères du Prince Noir mirent pied à terre et défièrent en combat singulier les trois chevaliers. Les duels s'engagèrent aussitôt. De part et d'autre, de beaux coups d'épée furent donnés. Anglais et Français faisaient preuve d'une force et d'une adresse égales. Personne ne fut blessé, mais, à la fin, les trois champions de la Cité durent rendre leurs épées. De sa litière, le Prince Noir avait suivi le combat avec un grand intérêt. Il était émerveillé de la bravoure de ses adversaires. Sa colère en diminua. Il consentit à épargner la vie de tous ceux qui paieraient une rançon. La Cité fut brûlée, ses remparts rasés.

Quant à l'évêque, le prince voulait d'abord lui faire couper la tête ; il l'accabla de reproches et de menaces. Toutefois le prélat en fut quitte pour la peur et pour une énorme rançon que le roi de France paya en grande partie.

XVIII. — Les Routiers en Limousin (1380-1493).

Pendant la guerre de Cent Ans, les bandes de pillards ou *routiers* se reformèrent. Le Limousin en fut infesté comme au temps de Philippe-Auguste. Ils étaient aussi malfaisants, aussi redoutés que jadis les Brabançons. Les routiers étaient le plus souvent des nobles sans terres, des malfaiteurs n'osant reparaitre dans leur pays. Ils se faisaient craindre même du roi. Ils vivaient dans les plaisirs, portaient de riches habits, alors que, chez eux, ils avaient mené l'existence du paysan, mangé du pain noir et des oignons. « Piller et voler est une bonne vie », disaient-ils. Il y avait quelques risques pourtant. Lorsqu'on les prenait, on les cousait dans des sacs de cuir et on les jetait dans la rivière.

Les deux plus célèbres chefs de routiers sont *Geoffroy Tête Noire* et *Perrot le Béarnais*.

Geoffroy était un Breton têtu et rusé qui trouva moyen de se rendre maitre du château de *Ventadour*. Le seigneur du lieu était vieux et vivait très retiré. Un peu avare, il ne payait pas exactement son écuyer qui se vengea en ouvrant à Geoffroy la demeure de son maitre, moyennant 6000 francs. Une fois dans la place, le routier visita régulièrement les pays voisins, prenant tout à son gré et parfois la vie avec la bourse. On essaya d'abord de l'acheter, mais le bandit accepta l'argent et ne changea rien à ses habitudes.

Il fallut assiéger Ventadour. Geoffroy y avait amassé des vivres pour sept ans; il pouvait faire durer le siège. Par des souterrains, il réussissait à

Ruines de Châlucet.

sortir en pleine campagne et continuait ses expéditions. Un jour pourtant, blessé d'une flèche, il mourut. Ses successeurs, Alain et Pierre Roux, Bretons comme lui, continuèrent la défense avec le même courage et la même habileté. Après bien des efforts, les gens du duc de Berry réussirent à s'emparer de Ventadour grâce à une ruse. Deux envoyés offrirent d'acheter le château et, une fois entrés, ils sonnèrent du cor. C'était un signal. Leurs soldats postés tout près accoururent et désarmèrent la garnison.

Conduits à Paris, Alain et Pierre Roux eurent la tête tranchée en place de Grève.

Le château de *Châlucet* appartenait à l'abbé de Solignac peu capable de le défendre contre les hommes d'armes. Perrot le Béarnais s'y installa avec ses routiers. Il le garda douze ans et on prétend qu'il y entassa toutes les économies des paysans limousins et marchois. Parfois il traitait avec les habitants : ainsi, les bourgeois de Bellac offrirent de lui verser chaque année une forte somme, moyennant quoi il consentit à épargner leurs biens. Perrot fut employé par le roi de France contre les Anglais. Il en profita pour piller le Berry. On était si las de subir ses exigences que toute la province s'imposa pour acheter sa retraite : le clergé même paya la taxe des routiers (1493). Perrot le Béarnais quitta le pays après avoir reçu une énorme rançon. Plus heureux que Geoffroy il sauva sa tête et conserva toutes ses richesses.

XIX. — La commune de Brive.

De bonne heure, les villes de *Beaulieu* et de *Brive* furent constituées en communes. Mais tandis que l'existence de la première s'écoula paisible et heureuse, la seconde dut lutter pendant deux siècles contre les comtes de Turenne et de Malemort pour le maintien de ses libertés municipales. Elle fit preuve d'un admirable héroïsme.

Les seigneurs de Turenne et de Malemort prétendaient que Brive se trouvait dans leur domaine, que, par conséquent, les Brivistes devaient leur prêter serment de fidélité, les suivre à la guerre, leur verser de l'argent pour aller à la Croisade, pour marier leurs filles ou payer leur rançon quand ils étaient prisonniers. Surtout, ils voulaient rendre la justice dans la ville.

Les habitants de Brive répondaient que certainement ils avaient des devoirs envers leur suzerain, mais que leur suzerain n'était ni le seigneur de Turenne ni le seigneur de Malemort, qu'ils n'avaient d'autre maître que le roi lui-même. Et le roi avait permis leur organisation communale. Il laissait les consuls, magistrats élus par les Brivistes, juger les procès et organiser la police.

Pour réduire la ville, Raymond de Turenne s'adressa aux routiers. Il les plaça dans trois châteaux qui entouraient Brive et leur recommanda de faire tout le mal qu'ils pourraient. La place fut bloquée, toutes les routes coupées, le pont sur la Corrèze détruit, les vignes et les arbres fruitiers arrachés. Pendant trois années de suite, ces malandrins fauchèrent le blé en herbe (1403-1406).

Malgré leurs privations, les habitants se défendaient bravement et ne voulaient pas entendre parler de soumission. Ils repoussèrent de nombreux assauts. D'ailleurs, les bourgeois de Brive étaient riches ; ils sacrifièrent leur fortune, ils empruntèrent même de grosses sommes. Cela leur permit d'avoir, eux aussi, recours aux mercenaires. Les routiers servaient ceux qui les payaient le mieux et comme Brive leur offrit une solde avantageuse, un grand nombre d'entre eux se rangèrent sous sa bannière. Les Brivistes achetèrent aussi des armes et des machines de guerre.

Dès lors, Raymond de Turenne devait avoir le dessous. Ses châteaux forts furent assiégés et, après cinq semaines de luttes sanglantes, pris et rasés. Le Parlement était, d'ailleurs, intervenu et avait donné raison à Brive. La lutte était finie. Par leur courage, leur persévérance, leur amour de la liberté, nos aïeux avait bien mérité la victoire.

XX. — Trahison de Gautier Pradeau.

Gautier Pradeau, riche marchand de la rue Ferrerie, à Limoges, fut nommé consul de la commune du Château le 22 février 1426. Quoique possesseur d'une grande fortune et l'un des premiers magistrats de la ville, Pradeau voulait encore plus d'argent et d'honneurs. Son avarice et son ambition devaient le perdre.

Les bourgeois du Château étaient les enfants gâtés des rois d'Angleterre et des rois de France qui tâchaient de les gagner en leur accordant des libertés. Mais ils étaient souvent en guerre avec le vicomte de Limoges qui réclamait leur hommage et voulait confisquer tous les privilèges communaux. Bien pourvus d'argent, bien garantis par des murailles en bon état, les bourgeois ne craignaient pas leur seigneur. A la moindre alerte, ils prenaient les armes et s'en servaient à merveille.

En 1426, le vicomte Jean de Laigle venait justement d'être chassé de Limoges. Les habitants faisaient bonne garde et le vicomte désespérait de rentrer dans la ville. C'est alors que l'idée lui vint de corrompre l'un des consuls. Il envoya deux écuyers à Gautier Pradeau qui les reçut secrètement dans la maison d'un savetier de la rue du Clocher.

Moyennant une somme de dix mille écus, Pradeau promettait d'ouvrir la porte des Arènes à l'ennemi. Il écrivit à Jean de Laigle qui, pendant la nuit, amena son armée et la cacha dans la vigne du traître, située non loin des murailles.

Le guetteur de Limoges donnant l'alarme.

De grand matin, quelques instants avant le moment fixé pour l'exécution du complot, le guetteur de la tour des Arènes aperçut une troupe nombreuse de gens armés qui se dissimulaient dans les vignes. Aussitôt, il donne l'alarme. Les habitants s'arment à la hâte et arrivent sur les remparts. Le coup était manqué.

Comme ses chevaliers lui reprochaient de les avoir engagés dans une affaire mal combinée, Jean de Laigle montra la lettre de Gautier Pradeau, en donna lecture, puis, de colère, la froissa, la déchira et en jota les morceaux. Deux prêtres, passant par là peu de temps après, ramassèrent ces papiers, les rapprochèrent et comprirent ce qui venait de se passer.

Rentrés à Limoges, les prêtres remirent la lettre aux consuls. Cependant, le vicomte, pénétrant dans la Cité par la brèche qu'avait ouverte le Prince Noir soixante ans auparavant, avait attaqué le Château vers l'Est. Gautier Pradeau se trouvait sur les remparts où il se comportait bravement. Il s'efforçait d'écarter les soupçons en montrant un grand zèle. On le fit mander à l'Hôtel de Ville où il arriva tout armé. D'abord, il nia avec énergie le crime qu'on lui reprochait. Mais, menacé de la torture, il avoua tout. Il fut décapité au pilori de la place des Bancs et sa tête resta longtemps exposée à la porte des Arènes. Pendant plusieurs siècles, le nom de Gautier Pradeau fut regardé comme une grave injure. Cet homme indigne n'était pas un Limousin. Né dans les environs d'Angoulême, il était venu tout enfant à Limoges.

XXI. — Pierre d'Aubusson.

En 1423, naquit au château du Monteil-au-Vicomte, non loin de Bourganeuf, un enfant dont la renommée devait remplir le monde. Dès qu'il fut en état de porter les armes, il se fit admettre parmi les Hospitaliers ou chevaliers de Rhodes : c'étaient des religieux guerriers chargés de combattre les infidèles. Il rendit de tels services qu'il fut nommé à l'unanimité *grand maître*, c'est-à-dire chef suprême de son Ordre.

Kraak de Chevaliers (Citadelle des Hospitaliers) en Syrie.

Les Turcs de Mahomet II avaient pris Constantinople en 1453. Pendant trois jours, ils y avaient commis d'horribles excès. Leurs soldats appelés *janissaires* tuaient tout ce qui avait forme humaine. L'Europe entière frémissait de crainte. Pierre d'Aubusson était venu solliciter des secours de Charles VII.

Il n'avait obtenu que des promesses vagues. Sachant bien que Mahomet II voudrait faire la conquête de Rhodes, grande île de la Méditerranée où s'étaient retirés les Hospitaliers, Pierre d'Aubusson ne voulut compter que sur lui-même et sur ses frères d'armes. Il fit exécuter des travaux de défense qui le placent au premier rang des ingénieurs militaires.

Le 23 mai 1480, Mahomet II parut en effet devant l'île. Ses vaisseaux couvraient au loin la mer. Il y en avait, croit-on, près de deux cents qui portaient une formidable armée de cent mille hommes. Les Turcs réussirent à débarquer. Leur artillerie se mit aussitôt à battre les murs de Rhodes. Mais les braves chevaliers, bien commandés par Pierre d'Aubusson, réparaient les brèches et tenaient l'ennemi à distance. Les infidèles tentèrent de furieux assauts : ils furent toujours repoussés avec de grandes pertes. Le 18 août 1480, après quatre mois de siège, ils durent reprendre la mer. Pierre d'Aubusson avait infligé un échec retentissant aux Turcs jusque-là victorieux. Son nom était prononcé avec reconnaissance et admiration dans toute la chrétienté ; on vantait son talent et son énergie. Mahomet II ressentit un violent dépit de cette humiliation. Il préparait sa revanche lorsqu'il mourut, tué par le chagrin.

Bajazet, l'aîné des fils de Mahomet II eut à lutter contre son frère Zizim qui lui disputait l'empire. Zizim vaincu fut contraint de s'exiler. Il se réfugia dans l'île de Rhodes et se rendit aux vainqueurs de son père. Pierre d'Aubusson devint ainsi l'arbitre de l'Orient. Il envoya Zizim en France et ordonna qu'il fût enfermé dans la forteresse de Bourganeuf, connue aujourd'hui encore sous le nom de *Tour de Zizim*. Plus tard, il remit au pape ce prisonnier qui, ayant conservé de nombreux partisans, pouvait se permettre d'intervenir dans les affaires de l'Empire turc. Mais Zizim mourut.

Pierre d'Aubusson avait formé le projet d'armer toute l'Europe contre les Turcs, toujours menaçants. Il aurait pris lui-même le commandement de cette immense Croisade. Mais les papes d'alors ne favorisèrent pas son dessein ; les rois, fort occupés ailleurs, se montrèrent indifférents. Du reste, l'ardeur religieuse s'était encore refroidie depuis la dernière expédition de saint Louis à Tunis. Pierre d'Aubusson ne put mener à bien sa vaste entreprise. Il en conçut une grande tristesse qui causa probablement sa mort, survenue en 1503. Ce grand homme est une des gloires de la Marche, sa province natale. Son buste surmonte la fontaine publique de la petite ville de Vallière.

XXII. — Guerres de Religion. — Les Calvinistes à Tulle.

Comme presque toutes les provinces, le Limousin eut à souffrir des guerres de religion. Protestants et catholiques passaient et repassaient dans nos campagnes, vivant aux dépens du cultivateur qui, lui, mourait presque de faim. Dans le haut Limousin, Coligny défit les troupes royales et catholiques du duc d'Anjou à La Roche-l'Abeille (1569). L'histoire n'a pas conservé de détails intéressants sur cette importante rencontre. Le Bas Limousin fut le théâtre d'un événement mémorable, la prise de Tulle par le vicomte de Turenne.

Henri de la Tour d'Auvergne, vicomte de Turenne, était le chef des calvinistes de la province. C'était un habile capitaine, sans aucune croyance, dit-on, et se servant de la religion pour mieux satisfaire son ambition. Dur et avare, il rendait ses paysans très malheureux. Richelieu disait de lui qu'il ne pouvait vivre, ni laisser vivre personne autour de lui.

Tulle était catholique et le vicomte brûlait d'y entrer ; mais longtemps ses efforts furent inutiles. A partir de 1577, il serra la ville de plus près encore.

Un jour qu'un brouillard épais couvrait la terre, le vicomte lança contre les remparts 1 800 hommes. Mais les habitants veillaient. Des arquebusades bien dirigées mirent en déroute les assaillants.

En 1585, Henri de Turenne tenta un suprême effort. Les soldats entourèrent la ville ; ils s'approchaient des portes et tâchaient de les faire sauter avec des pétards. C'est devant la porte Chanac que se livra le combat le plus acharné ; un monceau de cadavres s'y entassa. Elle fut forcée, mais seulement après neuf jours d'attaque. Une fois dans la ville, les calvinistes durent encore assiéger un grand nombre de maisons où les défenseurs s'étaient retranchés. Enfin, les catholiques se rendirent, ayant épuisé vivres et munitions.

On fit payer cher aux Tullistes leur belle résistance. Pendant huit jours les ennemis vécurent à leurs dépens, et, par surcroît, le vicomte leur donna un gouverneur aussi rapace que lui, La Morie, qui les persécuta et les pressura de son mieux. Les Consuls s'étaient enfuis à Gimel. Un seul était resté pour exhorter ses concitoyens à la patience comme il avait exalté leurs courages sur les remparts. C'était un vieillard de 94 ans, *Jean Baluze* : son nom ne doit pas être oublié. La Morie le fit enchaîner et jeter dans un cachot puant où il le laissait manquer de tout. Jean Baluze dut verser une grosse somme pour obtenir sa liberté.

Quelque temps après, on apprit que l'armée catholique de Mayenne se dirigeait sur le château de Turenne à marches forcées. Il fallait au vicomte tous ses soldats et la garnison de Tulle fut rappelée. Bien malgré lui, La Morie quitta la ville. Il partit le 9 février 1586, non sans avoir levé sur les malheureux habitants un dernier et lourd tribut de 20 000 livres. Il y eut à Tulle une grande joie lorsqu'on vit s'éloigner cette armée de calvinistes féroces et avides.

XXIII. — Siège de Bellac (1591). Le Consul Génébrias.

Le *vicomte de la Guerche,* chef des Ligueurs dans le centre de la France, avait été nommé par Henri III gouverneur de la Marche. Mais après avoir été pour la Ligue, le roi prit parti contre elle et il ôta au vicomte le gouvernement qu'il lui avait donné. La Guerche aurait bien voulu mettre la main sur une place forte qui lui permettrait de résister au nouveau roi Henri IV, ennemi des Ligueurs. Il s'empara du *Dorat* dont il fut chassé, puis de *Magnac-Laval.* La ville de *Bellac,* située sur un rocher escarpé, aurait mieux fait son affaire. Les habitants des faubourgs étaient pour lui, ceux du Fort, quoique catholiques, voulaient rester fidèles au roi.

Le jeudi 9 mai 1591, un trompette se présenta devant les murs de Bellac, et somma les habitants de recevoir M. de la Guerche avec toute son armée. On lui répondit en fermant les portes. On répara les murailles et on rassembla dans la ville toutes les provisions que l'on put trouver aux environs. Les forgerons façonnèrent des lances solides. Le samedi suivant, au lever du soleil, le vicomte parut avec 1 200 hommes et plusieurs canons. Dans la ville on comptait 23 soldats et environ 100 habitants en état de combattre. Cette petite troupe n'avait guère envie de résister. Mais le consul *Générbrias* rendit le courage à tous. De son côté, *Jean de la Salle,* chef de la garnison, tira son épée et menaça d'en percer le premier qui parlerait de se rendre. Il y avait aussi à Bellac un brave chevalier, Chaumaray, surnommé *l'Estropia,* on ne sait pourquoi, car il était très valide. L'Estropia devait rendre les plus grands services pendant le siège.

Le dimanche matin, après un bombardement furieux, le vicomte commanda l'assaut. Ses soldats furent repoussés et, dans la retraite, quelques-uns se noyèrent dans le Vincou. Les assauts se renouvelèrent, toujours plus pressants. Les Ligueurs s'avançaient tambour battant, clairon sonnant, enseignes déployées. Ils criaient : « Que les catholiques se mettent à part ! » espérant que les poltrons se sépareraient des gens courageux et se rendraient. Mais à Bellac, il n'y avait que des catholiques et pas un poltron. Soldats et habitants restaient unis contre l'agresseur. « Nous avons vu la bête de près, disait-on, et nous lui avons rogné les ongles ! » L'Estropia se trouvait partout où il y avait un danger. Suivi de trois vigoureux paysans, il faisait creuser des tranchées, réparer les murailles. On le voyait marcher à découvert sur les remparts. L'arquebuse à l'épaule, il abattait son homme à chaque coup.

Cependant les Ligueurs allaient avoir le dessus lorsque les femmes de Bellac accoururent et, s'armant de tout ce qui leur tombait sous la main, firent reculer l'ennemi. Générbrias déclara de nouveau que, lui vivant, les portes de la ville ne seraient ouvertes qu'au roi. C'est alors que cent hommes de renfort, conduits par Louis de Pierrebuffière, baron de Chamberet, chevalier de grande réputation, réussirent à pénétrer dans la place. D'autre part, on annonçait

Henri IV reçu à Bellac chez le consul Génébrias.

l'arrivée d'une armée royale. Le vicomte de la Guerche décampa (18 mai 1591) après 18 jours de siège. On remarqua qu'il s'enfuyait très vite bien qu'il fût goutteux.

Cette belle résistance fait honneur aux habitants de Bellac et à leurs chefs, à *Jean de la Salle,* à *Gé-*

nébrias, à *l'Estropia*, qui jamais ne voulurent capituler. Henri IV envoya au consul Génébrias un certificat d'honneur accompagné d'une somme de dix mille francs. Quelque temps après, le roi traversait Bellac, se rendant à Limoges. Il voulut loger chez Génébrias et manger à sa table. Et la ville fut heureuse de cet hommage rendu à son consul vénéré.

XXIV. — La Pancarte (1602).

Pour conquérir son royaume et guérir les maux causés par les troubles civils, Henri IV avait dépensé de grosses sommes. Il voulut se procurer l'argent dont il avait besoin en établissant de nouveaux impôts. En 1601, il décida que l'on percevrait un sou pour livre, c'est-à-dire un vingtième de plus que précédemment. Alors comme aujourd'hui, on n'aimait pas les augmentations d'impôts. Le peuple était presque ruiné par les guerres de religion et par des années de disette. En outre, on savait que les percepteurs de ce temps ne se gênaient pas pour demander beaucoup plus qu'ils ne rendaient au roi. La nouvelle taxe produisit un grand mécontentement dans toute la France et surtout à Limoges.

Connaissant les mauvaises dispositions des habitants, Henri IV ordonna de publier l'édit relatif au vingtième avec l'aide de la force armée. Un étranger à la ville, le chevalier Lambert, d'Orléans, arriva le 20 avril 1602 à Limoges. Entouré d'une troupe d'archers, il se rendit sur la petite place située devant l'église Saint-Pierre-du-Quéroix. Il fit sonner de la trompette et commença la lecture du parchemin ou *pancarte* où était écrit l'édit du roi. Mais à peine avait-il ouvert la bouche que les cris d'une foule immense couvrirent sa voix. La fureur populaire fut bientôt à son comble. De tous côtés, des pierres étaient lancées sur Lambert qui dut s'enfuir au plus vite. Le lendemain, on assiégea la maison du trésorier de France, située rue des Combes, et on maltraita même le trésorier. Le surlendemain, le peuple se porta devant la *Maison de Ville,* rue du Consulat. Les consuls recommandèrent le calme. Leur voix ne fut pas écoutée. De nouvelles scènes de violence se produisirent. On promit enfin, au nom du roi, que le nouvel impôt serait supprimé. Alors, la foule s'apaisa et tout rentra dans l'ordre.

Lambert avait réussi à s'échapper. Dès qu'il fut en lieu sûr, il adressa au roi le procès-verbal de ce qui venait d'arriver. Henri, très mécontent, résolut de faire un exemple. Il envoya à Limoges un de ses conseillers qui réunit les habitants et les menaça d'un sévère châtiment. Mais les chefs de l'émeute avaient quitté la ville; on se contenta de les exécuter en effigie. Pourtant, deux des plus coupables, arrêtés à Bergerac, ramenés à Limoges, furent pendus sur la place Saint-Michel.

L'envoyé se montra fort dur pour les consuls. Il leur reprocha de n'avoir su empêcher ni l'émeute, ni les excès. De par le roi, il les révoqua sur l'heure et leur intima l'ordre de déposer leurs chaperons et les autres insignes de leurs fonctions, ce qu'ils firent aussitôt.

Les consuls étaient élus par tous les habitants. Leur élection avait souvent causé des troubles, des haines et même des fraudes. Pour éviter le retour de ces désordres, le roi décida qu'il n'y aurait plus que six consuls au lieu de douze et qu'ils seraient élus, non par tout le peuple, comme auparavant, mais seulement par cent notables bourgeois. Ainsi, Henri IV pourrait avoir beaucoup d'influence sur ce

L'émeute de la « Pancarte » à Limoges.

petit nombre d'électeurs et faire nommer à peu près qui il voudrait.

Peu après, Henri abolit l'impôt du vingtième. On ne lui garda pas rancune de ses rigueurs. En 1605, il vint à Limoges et y resta trois jours. Il fut reçu par de grandes réjouissances. Comme tous les Français d'alors, les habitants de notre ville aimaient le roi Henri IV. Ils ne semblent pas avoir regretté les vieilles libertés qu'il venait de leur enlever. Remarquons que Henri IV, lorsqu'il n'était que roi de Navarre, possédait le vicomté de Limoges. Son accession au trône de France réunit définitivement le Limousin à la couronne.

XXV. — L'année de la Peste (1631).

Vers 1630, la peste ravageait toutes les contrées de l'Europe. Dans une seule ville d'Italie, Venise, elle avait fait 41 000 victimes.

A la fin du mois de septembre 1631, un voyageur inconnu descendit à *l'Hôtel des Trois Anges,* situé faubourg des Arènes, près de la place d'Aîne. Il y tomba malade et mourut. Ses bras, ses jambes, ses côtés étaient couverts de grosses pustules : c'était la peste qui l'avait emporté. D'autres personnes de l'hôtel moururent du même mal. Le fléau gagna toute la ville.

Limoges offrait aux épidémies un champ favorable. Nos ancêtres habitaient des maisons malpropres où l'air et la lumière avaient peine à pénétrer par des fenêtres petites et rares. Les rues étroites, non pavées, défoncées, étaient encombrées de débris en décomposition répandant une odeur repoussante. De plus, les privations affaiblissaient tout le monde, mais surtout les pauvres. Le blé manquait ; depuis cinq ans, il n'y avait que de mauvaises récoltes. Au mois de mars 1631, le blé valait vingt francs le setier ; les ouvriers ne pouvaient en acheter. On vit les paysans broyer ensemble des herbes, du chiendent, de la fougère et en faire un pain pour tromper leur faim. A la porte des églises, des monastères, au coin des rues, une foule de malheureux criaient famine.

Un moment arrêté par l'hiver, rigoureux cette année-là, le fléau reparut au printemps, plus violent que jamais. Les ouvriers et les fossoyeurs ne suffisaient pas à enterrer les morts. Les riches, remplis d'effroi, quittaient Limoges et se réfugiaient à la campagne, mais souvent le mal les y attendait. Un bourgeois écrivait de Beaune où il avait cherché asile, que dans beaucoup de villages, du côté de Grandmont, il n'était demeuré en vie ni hommes, ni femmes, ni petits enfants et que pas un seul grain de blé n'avait pu lever.

Le curé de Saint-Michel et celui de Saint-Pierre avaient des premiers déserté la ville où ils auraient pu faire tant de bien. Mais les moines des diverses congrégations, Jésuites, Récollets, Carmes, ainsi que les religieuses Ursulines firent courageusement leur devoir en apportant aux malades des secours et des consolations. Plusieurs devaient contracter le terrible germe au chevet des mourants et terminer glorieusement leur vie. Deux prêtres de Saint-Pierre, nommés *Simon Fournier* et *Léonard Fallot* se firent surtout remarquer par leur dévouement et leur charité. On les trouvait partout où il y avait quelqu'un à secourir, et non seulement dans la ville, mais à plus d'une lieue aux environs. Aussi, les populations reconnaissantes demandaient toutes à faire partie de la paroisse de Saint-Pierre.

On chercha des remèdes à la maladie et à la misère. Les Consuls décidèrent que des maisons seraient construites dans les prés, le long des ruisseaux, pour y loger les pestiférés. Les médecins de Limoges ne parvenaient pas à soigner tous les malades ; on en fit venir du dehors. Les indigents devaient être traités aux frais de la ville. Et comme l'argent manquait, on greva d'une lourde taxe les biens de tous ceux qui sortiraient de Limoges. Les Consuls avancèrent même de fortes sommes sur leur fortune personnelle.

Enfin, en septembre 1631, les ravages cessèrent. A Limoges et dans la région, 20 000 personnes avaient péri. L'année 1632 amena une abondante récolte ; les pauvres gens purent satisfaire leur faim. Pendant longtemps, on se souvint de l'année de la Peste.

XXVI. — Passage de soldats au XVIIe siècle.

Lorsqu'un régiment traverse nos campagnes, c'est une fête pour tout le monde. Il n'en était pas ainsi autrefois. Quand on entendait battre les tambours, sonner les fifres et qu'on voyait paraître les uniformes au détour de la route, vite, on cachait ce qu'on avait de précieux, les provisions, l'argent, les bijoux, on fermait sa porte et on s'assurait que pistolets et fusils étaient chargés. On savait les soldats de cette époque capables de vol, de pillage, de meurtre. Enrôlés par surprise dans les cabarets, c'étaient souvent des misérables sans ressources, des paresseux dégoûtés du travail et même des malfaiteurs. En 1660, Louis XIV écrivait aux commissaires des guerres, chargés de lever deux mille hommes, d'obliger à s'enrôler les déserteurs, les vagabonds, les gens sans aveu et bons à rien. Quoique la discipline fût d'une impitoyable sévérité, ces gens-là ne pouvaient inspirer confiance.

Plusieurs localités du Bas-Limousin eurent à souffrir des hommes d'armes. Au mois d'août 1635, l'avant-garde d'une compagnie de chevau-légers se présente devant le village de Saint-Antoine-les-Plantades, dans les environs de Brive, et demande le gîte et les vivres pour le gros de la troupe. Il se trouve que les habitants sont exempts du logement des militaires par faveur spéciale. Ils refusent. Là-dessus, grand rassemblement, discussion, tumulte. Un officier et un paysan partent en hâte pour Brive où était le gouverneur, afin d'obtenir un ordre. Pendant ce temps, la compagnie arrive. Exténués de fatigue, accablés de chaleur, les soldats veulent se reposer et se rafraîchir sur l'heure. La foule les engage à patienter jusqu'au retour des envoyés. Mais ils n'entendent rien, entrent en fureur et se mettent à crier en pestant et jurant : « Nous logerons malgré votre exemption ! » Ils pénètrent dans le village au galop de leurs chevaux, déchargent leurs pistolets, tuent deux hommes, Marjarie et Coudert, et blessent grièvement la femme Marjarie. On reçoit alors les instructions du gouverneur. Il ordonne à la compagnie d'aller loger ailleurs.

En 1653, dans la même localité, 800 fantassins ou cavaliers font halte. L'idée leur vient de pénétrer dans la plus belle maison et de la mettre au pillage. Ils franchissent les murs de la cour, frappent de leurs crosses et du plat de leurs sabres le maître de la maison, sa femme, ses filles et son fils, font main basse sur les croix et les bagues en or, la vaisselle de prix, le linge, les provisions de toutes sortes. Le vin, le grain, les volailles, les moutons, chargés sur les voitures du propriétaire, sont traînés par ses chevaux. Les autres maisons, jusqu'aux plus pauvres, eurent le même sort.

Des scènes du même genre s'étaient produites, en 1638, à Chameyrat et à Saint-Hilaire. Cependant on y avait fait fête aux soldats qui s'étaient assis à

Les malheurs de la guerre (d'après une estampe de Callot).

la table des familles. Une fois rassasiés, ils exigèrent de l'argent. Antoine et Pierre Ferriol donnèrent « sept livres trois sols » et reçurent des coups de bâton. Des chevau-légers poursuivent la veuve Gourdai. Elle se sauve chez le curé qui lui remet trente sous pour se racheter. Mais le prêtre a toutes les peines du monde à empêcher les forcenés de mettre le feu à sa maison. La nuit, ils envahissent le misérable logis de Martial Bonnirye, lui prennent les trente-huit sous qu'il possède et l'attachent avec des cordes.

Conduits par Turenne, Condé, Luxembourg, nos soldats se battaient bravement contre les ennemis de la France; mais ils usaient parfois de violence envers les paysans pour avoir de quoi se nourrir ou se divertir. Aujourd'hui, l'armée nationale n'accepte sous ses drapeaux que d'honnêtes gens; elle repousse les vauriens et les malfaiteurs. Bien pourvue de vivres en tout temps, sachant toujours exactement où elle logera, elle n'a pas à craindre les excès qui se produisaient en pleine paix sous l'ancien régime.

XXVII. — Daguesseau.

La France a produit des magistrats qui ont honoré leur fonction et leur pays. L'un d'eux, le chancelier Daguesseau, naquit à Limoges en 1668. Il était fils d'un intendant très aimé à cause de sa grande bonté et de sa tolérance pour les protestants alors persécutés. L'enfant reçut dans sa famille une instruction soignée; on l'éleva d'après les principes des solitaires de Port-Royal, les premiers éducateurs de ce temps. Jeune homme plein de talent et de vertus, il devint, à l'âge de vingt-deux ans, avocat général au Parlement de

Daguesseau.

Paris. Pendant le cruel hiver de 1709, il se consacra au soulagement de ceux qui avaient froid et faim. Il ne craignit pas de quêter en personne auprès des courtisans et des grandes dames en faveur des déshérités. Son zèle charitable ébranla même sa santé. « Je ne puis consentir à me reposer, disait-il, puisque je sais qu'il y a des hommes qui souffrent. »

La justice était alors mal organisée. Les procès, très coûteux, duraient longtemps et ruinaient les plaideurs. Les juges ne montraient pas toujours l'activité et la probité nécessaires dans leurs fonctions ; ils se laissaient souvent corrompre. C'était la coutume de venir les solliciter et même de leur apporter des cadeaux ou épices. Enfin, les lois variaient avec chaque province. Un magistrat arrivait rarement à les connaître assez pour les appliquer avec équité.

Daguesseau aurait voulu changer tout cela. Il travailla toute sa vie à réunir les lois et coutumes des diverses régions de la France, à les comparer, à les simplifier, à les éclaircir. Il aurait supprimé celles qui paraissaient injustes ou qui en contredisaient d'autres et appliqué les meilleures à l'ensemble du territoire français. Mais il ne put terminer une œuvre aussi prodigieuse. Il lui aurait fallu l'appui du roi et beaucoup de temps pour mener à bien cette grande réforme.

Les magistrats connaissaient mal leurs devoirs ou ne les pratiquaient pas : Daguesseau fit entendre à tous de sages conseils. Il les réunissait le mercredi de chaque semaine, à certaines époques de l'année, et leur adressait des recommandations éloquentes, parfois sévères que, depuis, on a appelées des *mercuriales*. Il les engageait à étudier les lettres et le droit, à prendre goût à leur profession afin de la bien remplir, à aimer leur patrie de tout leur cœur pour la mieux servir. Il ne cessait de répéter qu'un magistrat doit employer utilement son temps. Les moments perdus par lui, le plaideur les paie très cher parce qu'ils font traîner son procès en longueur et l'empêchent même d'en voir la fin. « Ce jour, cette heure que le magistrat croit quelquefois pouvoir perdre innocemment, s'écriait-il, sont peut-être pour le misérable le jour fatal et comme la dernière heure de la justice ! »

Lui-même donnait l'exemple du bon emploi du temps. On raconte qu'il composa l'un de ses plus savants ouvrages pendant les courts instants où sa cuisinière inexacte lui faisait attendre ses repas.

A la mort de Louis XIV, Daguesseau joua un rôle politique important. C'est grâce à son influence que le Parlement cassa le testament du feu roi et donna la régence au duc d'Orléans. En récompense de ce service et de ses hautes qualités, le Régent l'éleva à la dignité de chancelier, c'est-à-dire de ministre de la justice. Pourtant Daguesseau n'appréciait pas les honneurs ; à plusieurs reprises il s'éloigna de la cour sans dépit. Les intrigues du cardinal Dubois et de Law dont il n'approuvait pas les projets financiers l'ayant fait disgracier, il se retira dans ses terres et se consacra tout entier à ses ouvrages. Rentré en faveur, il ressentit bientôt de graves infirmités. Il aurait pu rester au pouvoir, mais sa conscience lui défendait de conserver une charge au-dessus de ses forces. Il donna sa démission. Sa mort survint presque aussitôt (1751).

Le chancelier Daguesseau doit être placé parmi les grands magistrats d'autrefois, à côté de Michel de l'Hospital, d'Achille de Harlay, de Mathieu Molé.

XXVIII. — L'industrie des tapis : Aubusson, Felletin, Bellegarde.

Comme le Limousin, la Marche avait un sol maigre, aux productions rares et peu variées : c'était un pays pauvre. Cependant, deux villes marchoises, Aubusson et Felletin, se distinguaient par une industrie artistique, celle des tapis, qui faisait l'objet d'un commerce fructueux.

L'industrie des tapis d'Aubusson et de Felletin remonte très loin dans le passé. Quelques-uns croient même qu'elle est due aux Arabes vaincus à Poitiers (732), mais on n'a aucune preuve de ce fait. Ce qui est certain, c'est que dès le XIVe siècle, une comtesse de la Marche avait appelé de Flandre des tapissiers habiles pour apprendre à ceux d'Aubusson tous les secrets du métier. L'un des plus anciens tapis qui nous restent fut fabriqué dans cette ville vers la fin du XVe siècle. Au siècle suivant, un notaire d'Ahun, nommé Evrard, écrit qu'Aubusson et Felletin sont des villes prospères et habitées par un grand nombre d'ouvriers. Charles IX avait accordé à Felletin une *Bourse de commerce*, sorte de tribunal pour juger les procès entre négociants : il écrivait que la ville était l'une des plus *marchandes* de la contrée, qu'il s'y assemblait quantité de commerçants du royaume et de l'étranger.

Aubusson et Felletin eurent fort à souffrir des guerres de religion. Presque ruinées par les pillages répétés des protestants et des catholiques, elles se trouvèrent comme paralysées. Las de travailler pour satisfaire aux exigences des hommes d'armes, les artisans quittèrent en foule le pays. Ils allaient de ville en ville, demandant à réparer les vieux tapis comme des ouvriers ambulants raccommodent aujourd'hui les porcelaines ou les vases en métal. Deux tapissiers d'Aubusson, Jean Dumont et Pierre Delarbre rajeunirent à Pau de célèbres tapisseries historiques et reçurent pour ce travail délicat une somme élevée.

Les deux villes reconnurent Henri IV avec empressement, heureuses de pouvoir enfin travailler en paix, sous un gouvernement respecté. Le roi leur en sut gré. Par son édit de 1601, il interdit l'entrée en France de toute tapisserie étrangère. C'était supprimer la concurrence. Aussi, l'on compta bientôt 2000 ouvriers à Aubusson.

Le grand ministre Colbert s'intéressait à l'industrie marchoise. Il donna le titre de *Manufacture royale de Tapisseries* aux fabriques d'Aubusson et ce privilège leur valut une foule de commandes. Toutefois, les années d'épreuves n'étaient pas loin. Colbert avait promis que l'État entretiendrait à Aubusson un peintre et un maître teinturier : ni l'un ni l'autre ne furent envoyés. De plus, la révocation de l'Édit de Nantes enleva à la ville deux cents de ses meilleurs ouvriers qui s'expatrièrent.

Vers la fin du XVIIIe siècle, la tapisserie a retrouvé sa prospérité. C'est alors seulement qu'on fabrique le tapis de pied, à l'imitation du tapis de Turquie. Ce nouveau genre eut un grand succès. La période révolutionnaire elle-même, si funeste à plusieurs branches d'industrie, ralentit à peine la vitalité de la nôtre : au début de l'Empire, Aubusson produit pour 120000 francs, Felletin pour 36000 francs de tapis par an.

Une autre ville, Bellegarde, avait eu des tapisseries dès le XVe siècle. C'était la capitale d'un petit pays, le *Franc-Alleud*, où l'on ne payait aucune redevance au seigneur et fort peu d'impôts au roi. Les denrées y étant moins chères qu'ailleurs, les ouvriers pouvaient y travailler à plus bas prix. Mais, en 1732, un édit défend de fabriquer des tapis en dehors d'Aubusson et de Felletin. Les tapisseries de Bellegarde se trouvent ainsi supprimées pour conserver à ses deux voisines leur privilège.

De nos jours, la fabrication des tapis a pris un développement inconnu dans le passé. Les grandes manufactures, pourvues de machines à vapeur, ont presque complètement remplacé le travail fait à domicile sur de petits métiers à main. Une *École nationale d'arts décoratifs* développe le goût et l'adresse des artisans. Les produits d'Aubusson et de Felletin, supérieurs aux tapis étrangers et d'un prix sensiblement égal, sont partout recherchés. Ils assurent à ces deux villes un bel avenir industriel. L'histoire à travers les siècles des tapisseries de la Marche est un exemple frappant de la persévérance méthodique, de l'esprit d'initiative et du génie artistique de notre race.

XXIX. — Turgot le bon intendant.

Avant la Révolution, les provinces étaient gouvernées par des *intendants* qui remplissaient les mêmes fonctions que nos *préfets*. Pour la plupart, ils se souciaient peu du pays qu'on leur confiait. Ils ne pensaient qu'à obtenir des emplois avantageux, des résidences agréables. On les voyait plus souvent à Paris, employant leur temps en démarches et intrigues, que dans leurs provinces qu'ils connaissaient à peine. On en cite qui occupèrent trois ou quatre postes en un an, dans les régions de la France les plus diverses. L'un d'entre eux écrivait à Voltaire que les « intendants n'étaient propres qu'à faire du mal ». Par bonheur, quelques-uns de ces fonctionnaires connaissaient leurs devoirs et le Limousin eut

Turgot.

la rare fortune d'être administré par le meilleur de tous, *Turgot*.

Turgot appartenait à une famille de haute bourgeoisie. Il était fils d'un *prévôt des marchands*, c'est-à-dire d'un *maire*, de Paris. Au collège Louis-le-Grand, il fit d'excellentes études : c'était un élève studieux et d'une rare intelligence. On cite de lui un trait de touchante bonté. Au lieu de dépenser en friandises ou en distractions l'argent que ses parents lui donnaient, on s'aperçut un jour qu'il le distribuait à des camarades pauvres pour acheter des livres. Il devint un homme plein de cœur et de savoir. Nul ne connaissait mieux que lui l'*Économie politique*, science de la richesse, de ses sources, de sa distribution, qui nous enseigne les meilleurs moyens d'améliorer la condition matérielle des hommes. Il avait écrit ces lignes mémorables : « Il ne faut pas que la pauvreté du peuple soit de la misère, ni que sa détresse soit rendue intolérable par la rigueur du puissant. »

Presque à sa sortie du collège, Turgot entra dans la magistrature. Il réunit toutes les qualités que Daguesseau avait demandées au bon juge. Il eut à étudier le procès d'un fonctionnaire dont la réputation était mauvaise. Le croyant coupable, Turgot laissa traîner l'affaire plusieurs années. Mais, après un examen attentif, il se persuada que le malheureux était innocent. Il paya alors sur sa propre fortune les appointements que l'accusé avait perdus depuis qu'il était en prison.

Lorsque, en 1761, le roi le nomma intendant de

Limoges, Turgot n'avait que trente-quatre ans. Ce n'était pas un poste de choix qu'il venait d'obtenir, mais il ne songea pas un instant, comme tant d'autres, à le quitter au plus vite. Il voulut, au contraire, étudier le pays afin de connaître ses besoins.

Le cœur généreux de Turgot s'émut au spectacle de la profonde misère du Limousin et de la Marche. Mal cultivées, nos campagnes ne produisaient que de maigres récoltes. C'est à grand'peine que le paysan échappait à la faim. Il vivait d'un pain noir et grossier, de galettes de sarrasin, de châtaignes. Quand ce fruit précieux manquait, c'était, dans toute la contrée, la privation et la souffrance. Le bétail ne suffisait pas à la culture. Les routes, dans le plus mauvais état, rendaient la circulation pénible. On ne pouvait guère voyager qu'à pied ou à selle. Si les ressources de la province étaient nulles, ses charges étaient accablantes. Depuis trois ans les impôts n'étaient payés qu'en partie. Aussi les campagnes se dépeuplaient chaque jour; le cultivateur découragé allait chercher ailleurs une vie moins dure.

XXX. — Administration de Turgot.

Turgot se mit résolument à l'œuvre. Il adressa plusieurs mémoires à Louis XVI pour représenter que les impôts étaient trop lourds en Limousin. Le roi accorda un dégrèvement important : ce fut à la fois une mesure de justice et de bienfaisance.

Turgot porte ensuite son attention sur le mauvais état des chemins et sur la *corvée*. Les paysans entretenaient les routes ; à époques régulières, on les arrachait à la culture de leurs champs pour leur imposer un travail qu'ils ne connaissaient pas. Aussi, bien que ces ouvriers d'occasion fussent étroitement surveillés et même frappés, les routes restaient en mauvais état. Le laboureur détestait la corvée qui lui enlevait une dizaine de jours par an, souvent pendant la période où les récoltes réclamaient tous ses soins. Il devait aussi mettre ses attelages à la disposition des régiments pour transporter le matériel militaire. Les soldats, irrités de la lenteur des convois, piquaient les vaches de leurs épées. De là des querelles d'où le paysan sortait malmené. « Prendre le temps du laboureur, même en le payant, disait Turgot, serait l'équivalent d'un impôt. Prendre son temps sans le payer est un double impôt et cet impôt est hors de toute proportion lorsqu'il tombe sur le simple journalier qui n'a pour subsister que le travail de ses bras. » Turgot supprima la corvée. Cet impôt en nature fut remplacé par un impôt en argent. La construction et la réparation des chemins étaient confiées à des entrepreneurs qui employaient des ouvriers salariés, habiles dans leur métier. On

Turgot enseignant aux paysans limousins la culture de la pomme de terre.

eut de bonnes routes qui existent encore aujourd'hui. Les principales sont celles de Limoges à Paris et à Toulouse ; de Limoges à Lyon et à Bordeaux ; de Limoges à La Rochelle ; de Limoges en Auvergne en passant par Eymoutiers et Bort, soit, en tout, 160 lieues de voies solides, régulièrement entretenues par des cantonniers.

Dans nos bruyères paissaient de nombreux moutons, mais les loups, alors nombreux, prélevaient sur les troupeaux un tribut ruineux, et, d'ailleurs, un impôt très lourd frappait les bêtes à laine. Turgot supprima cet impôt ; il organisa des battues, et messire Loup, traqué jusqu'au fond des forêts, n'osa plus se montrer. Une école vétérinaire fut créée à Limoges. La culture du trèfle et de la luzerne, l'établissement des prairies artificielles furent encouragés. Enfin, Turgot introduisit la pomme de terre en Limousin. C'était le remède assuré contre la famine car cette plante donne d'abondantes récoltes sur une surface restreinte et trouve chez nous un terrain très favorable.

Il existait quelques manufactures en Limousin, des tanneries, des clouteries, des filatures. Turgot les favorisa de tout son pouvoir. Faute d'argent pour s'outiller, de pauvres fileuses ne pouvaient travailler ; il leur fit distribuer 1500 rouets achetés et réparés aux frais de l'État. En 1765, par un hasard heureux, le kaolin était découvert aux environs de Saint-Yrieix. On pourrait désormais fabriquer de la porcelaine dure, comme en Chine. Cette industrie, qui devait acquérir à Limoges un si merveilleux développement, prit naissance pendant l'administration de Turgot ; lui-même dirigea les essais des fabricants. L'un des premiers travaux exécutés est un médaillon représentant son profil : on peut le voir au Musée Dubouché.

Une terrible épreuve désola le Limousin et la Marche en 1770. A la suite d'une mauvaise récolte, la disette se fit cruellement sentir. Il n'était pas au pouvoir de Turgot de l'éviter ; du moins, il adoucit les souffrances qu'elle causa en créant partout des *bureaux de bienfaisance*. Il obligea les propriétaires à nourrir leurs métayers. Depuis 1764, le roi avait autorisé la *libre circulation des grains*, mais le Parlement de Bordeaux avait pris un arrêt pour l'interdire. Beaucoup de municipalités, celle de Turenne entre autres, s'y opposaient également. Turgot fit casser l'arrêt du Parlement et ordonna aux échevins de Turenne de laisser sortir les grains sans inquiéter les vendeurs. Par ses soins, les malheureux eurent du pain et un abri.

Turgot avait transformé le Limousin. De pauvre et misérable, le pays était devenu, grâce à son intendant, heureux et presque riche. C'était la province la mieux administrée du royaume. De tels résultats avaient attiré l'attention de Louis XVI. Déjà, il avait offert à Turgot les postes de Rouen, Bordeaux, Lyon. Mais cet homme généreux n'avait pas d'ambition. Il voulait rester parmi les Limousins et les Marchois qu'il aimait. « Laissez-moi à mes enfants, écrivait-il. Ils ont encore besoin de moi ; je suis leur père et je leur reste ! »

Turgot ne pouvait toujours rester à l'écart. Le roi lui fit savoir qu'il avait absolument besoin de lui et le nomma ministre de la Marine. Il quitta Limoges en 1774, au milieu des regrets. Les paysans disaient : « C'est bien fait au roi d'avoir pris M. Turgot, mais c'est bien triste à nous de ne l'avoir plus. »

XXXI. — Industrie et commerce.

Le sous-sol du Limousin et de la Marche renferme des minerais variés. Ils sont aujourd'hui négligés parce que les chemins de fer permettent de s'approvisionner à des gisements plus riches. Autrefois, il y avait intérêt à produire sur place toutes les choses nécessaires à la vie. Les filons du Limousin étaient exploités avec profit. Sans parler du kaolin, découvert seulement au XVIIIe siècle, il y eut de bonne heure des mines d'étain à Vaulry, à Cieux, à Montebras près de Soumans; des mines de fer à Vicq, Glanges, Saint-Genest, Beaulieu. On trouvait du charbon de terre à Meymac, Saint-Chamand, Allassac, Bourganeuf. Le fer se préparait sur toute la lisière du Périgord, à Balleran, près Marval; à Altavaux, près Dournazac; à la Rivière de Champagnac. A la veille de la Révolution, 29 forges étaient en pleine activité, presque toutes utilisant les chutes des cours d'eau.

Aussi, l'on a toujours remarqué, dans la province, de nombreux ouvriers en métaux. Nous connaissons déjà les orfèvres et les émailleurs. On doit encore citer des monnayeurs, des forgerons, des fondeurs, des fabricants d'aiguilles, de dés, de flèches, d'arbalètes. Les clous de Grandmont, préparés avec le fer du Limousin, ont servi à ferrer les chevaux pendant des siècles; on les recherchait partout; il s'en vendait à Bordeaux, à Paris, jusque dans les colonies. Dans vingt établissements, tous à Limoges, on fabriquait des épingles; mais cette industrie disparut peu à peu devant la concurrence de Laigle, en

Vue de Saint-Léonard. — Pont de Noblat.

Normandie. Saint-Léonard avait des chaudronniers très réputés, artistes véritables, qui façonnaient des ustensiles et des vases de grande valeur en cuivre repoussé.

Nous trouvons, à partir du XIVe siècle, peut-être même avant, des *mégisseries* importantes à Saint-Junien : elles s'alimentaient avec les peaux du nombreux bétail que nourrissaient déjà nos prairies. Depuis lors cette industrie n'a fait que croître et prospérer. Entre Saint-Léonard et Saint-Junien, la Vienne mettait en mouvement un grand nombre de *papeteries* qui produisaient non du papier de paille, comme de nos jours, mais d'excellent papier à écrire qui se vendait au loin, à Clermont, à Bordeaux, à Paris. Il y avait 23 moulins à papier dans les seuls environs de Saint-Léonard. Limoges eut d'importantes *imprimeries* dès le XVe siècle ; une famille d'imprimeurs illustres, les Barbou, vint alors s'y établir ; de ses presses sortirent de belles éditions d'ouvrages latins que les connaisseurs payent aujourd'hui un prix élevé.

Les *draperies* de laine du pays faisaient vivre de nombreux ouvriers; grossières, rayées de bandes, destinées surtout à la confection des grands manteaux appelés *limousines*, elles devenaient brillantes quand il entrait dans le tissu de la soie, de l'argent et de l'or, on appelait ces étoffes précieuses des *limogiatures*. Limoges, Brive, Saint-Junien avaient les principales fabriques de draps. Quant aux toiles du Limousin, elles étaient si renommées qu'on les employait à la cour du roi : la reine de Navarre, fille de saint Louis, voulut que son trousseau de mariage fût de toile limousine. Le fil nécessaire était préparé aux *filatures* d'Eymoutiers et de Treignac.

Une industrie importante, presque disparue de nos jours, était la *blanchisserie de la cire* et la *fabrication des cierges* utilisés dans les églises de la région. Au XIIe siècle, les dames de Limoges offrirent à saint Martial une immense roue de cire, aussi haute que les murailles des fortifications. Deux cents ans après les consuls envoyèrent à Notre-Dame du Puy une roue colossale, en belle cire blanche ; on parla longtemps et fort loin de *lo Rodo de Limogei*.

Depuis les temps les plus reculés, Limoges fut la maîtresse ville du Centre pour le commerce. Elle entretenait des relations suivies avec les villes du Midi, les ports de l'Ouest, les cités flamandes. Au xe siècle, des négociants de Montpellier y avaient installé un *comptoir d'épices* du Levant. Le commerce se faisait surtout dans des *foires* qui duraient plus longtemps qu'aujourd'hui ; elles coïncidaient toujours avec des fêtes de l'Église. Les foires de Limoges se tenaient à la Saint-Martial, à la Saint-Christophe, à la Saint-André. Charles IX avait créé celles des Innocents et de la Saint-Loup qui existent encore. Solignac, Brive, Le Dorat, Saint-Léonard avaient des foires dès le XIIIe siècle. Les marchands voyageaient par troupes comme aujourd'hui les caravanes du désert : il fallait parfois combattre en commun les voleurs de grands chemins. Les seigneurs s'engageaient à garantir la sécurité de tous ceux qui venaient aux foires, tant à l'aller qu'au retour.

On peut dire que la renommée commerciale de Limoges s'étendait à la France entière. Lorsque Louis XI voulut peupler de marchands la ville d'Arras, il fit appel à des familles limousines. Plusieurs y envoyèrent leurs enfants. Dans tout le Centre, on venait acheter à Limoges ce qui était nécessaire à la vie. Ainsi, il existait au milieu du XVIIIe siècle un service régulier de voitures entre Limoges et Lépinas, petite commune située près de Guéret. Un grand nombre d'autres localités s'approvisionnaient à Limoges par le même moyen.

XXXII. — Une corporation. Les Bouchers de Limoges.

Les étrangers de passage à Limoges n'oublient pas de visiter la *Rue de la Boucherie,* très curieuse par l'aspect de ses maisons toutes construites à la manière du moyen âge et toutes occupées par des étalages de viandes. Les gens de même métier se groupaient jadis par quartiers et formaient des *corporations*. Ils se plaçaient sous la protection d'un saint : ainsi, les bouchers de Limoges avaient comme patron saint Aurélien dont ils entretiennent encore aujourd'hui avec soin la chapelle et l'église.

On sait que la corporation des bouchers était constituée dès le XIIe siècle, mais elle remonte probablement plus loin encore dans le passé. Les bouchers étaient tenus d'approvisionner Limoges de viande, de faire leur commerce honnêtement, de ne tromper aucun acheteur. Ils devaient tuer les animaux publiquement devant leurs boutiques, sous les yeux des passants. Le règlement leur défendait de vendre des poules ou des oies ; ils devaient laisser ce soin aux *poulaillers* et aux *oyers* qui formaient des corporations spéciales. Entre les corporations, il y avait souvent des contestations, des procès dont quelques-uns, par exemple celui que les poulaillers eurent avec les rôtisseurs, durèrent fort longtemps.

Pour assurer l'exécution du règlement de la corporation, il y avait une sorte de magistrat ou *juré* qui, le plus souvent, était élu par ses confrères. Les bouchers ainsi désignés étaient, à Limoges, au nombre de quatre ; on les appelait des *bayles*. Ils surveillaient les achats, ordonnaient la saisie des viandes de mauvaise qualité, infligeaient des amendes

Boutique de boucher, à Limoges.

aux bouchers sans conscience, empêchaient les maîtres incapables ou sans ressources de prendre des apprentis. L'institution des *jurés* ou bayles était connue sous le nom de *jurandes*.

Autrefois, il ne suffisait pas de le vouloir pour être boucher. On commençait par être *valet* ; on devenait ensuite *apprenti*, puis *compagnon*. Enfin, lorsqu'après cet apprentissage interminable, on pouvait faire ce qu'on nommait le *chef-d'œuvre*, on se présentait devant les bayles qui donnaient le titre de *maître* à la suite d'un examen très difficile. Parfois, la *maîtrise* s'obtenait à prix d'argent. Le maître a le droit de prendre comme apprentis tous ses enfants ou ses parents, mais il ne peut avoir qu'un seul apprenti étranger. Il transmettait à ses enfants la maîtrise comme un champ ou une maison. Il résultait de tout cela qu'un petit nombre seulement de familles pouvaient faire le commerce de la boucherie, Au XIVe siècle, il n'y en avait pas plus d'une vingtaine pour toute la ville de Paris, et d'une dizaine pour Limoges. La plupart des noms que l'on peut lire aujourd'hui sur les boutiques de la rue des bouchers existaient déjà au moyen âge : la même profession est aux mains des mêmes familles depuis un millier d'années.

A côté de nombreux inconvénients, les corporations avaient certains avantages pour le public : les produits étaient toujours de bonne qualité, car la fraude était sévèrement punie par les jurés. On exigeait même que les viandes fussent proprement tuées et bien apprêtées sous peine d'amende. Les maîtres tenaient à honneur de n'encourir aucun reproche ; ils soutenaient les bouchers dans l'embarras. Mais toute concurrence était supprimée ; le commerce, tout entier dans quelques mains, n'était pas libre. C'est pour cela que la Révolution a supprimé les corporations. Les bouchers de Limoges ont conservé à travers les siècles, avec un grand nombre d'usages corporatifs, les traditions de probité et d'honneur qui les distinguaient jadis.

XXXIII. — Vergniaud (1753-1793).

Vergniaud (Pierre) est l'un des plus illustres enfants de Limoges. Il naquit avec d'heureux dons. Distingué par Turgot et envoyé par lui aux écoles de Bordeaux, il se fit vite remarquer par sa vive intelligence et son grand cœur. Quoique jeune encore, il était le premier avocat de Bordeaux lorsqu'il fut élu député à l'Assemblée législative (1791).

Vergniaud devint le chef des *Girondins*. De tous les hommes éloquents de son parti, il était le plus éloquent. Son visage portait, comme celui de Mirabeau, les traces de la petite vérole ; il avait un gros nez, de larges épaules, il était un peu lent et nonchalant, mais ses yeux brillaient, sa figure s'éclairait lorsqu'il parlait à la tribune et il entraînait toute l'assemblée. Il proposa la suppression des titres de *sire* et de *majesté* que l'on décernait au roi et il fit voter des mesures sévères contre les émigrés qui portaient alors les armes contre leur pays. Cependant, Vergniaud aurait voulu sauver Louis XVI à qui il écrivait des lettres secrètes, ainsi que l'avait fait Mirabeau. Mais il n'était au pouvoir de personne d'arrêter la marche de la Révolution. Il conçut pour les Parisiens un profond dégoût après les massacres de septembre.

A la Convention, craignant d'être accusé de « modérantisme », il vota la mort du roi. Peu après s'engagea la lutte des Girondins et des Montagnards. Vergniaud attaqua vivement Marat, Robespierre et Danton. Cette lutte, où l'on n'employait pas d'autre arme que la parole, était cependant terrible, car les

Vergniaud.

vaincus devaient périr. Il fut bientôt certain que la Convention allait se ranger tout entière du côté de la Montagne : on appelait ainsi les bancs les plus élevés de la gauche de l'Assemblée, où siégeaient les démocrates les plus ardents. Vergniaud se défendit avec éloquence et noblesse. Il n'en fut pas moins condamné à mort avec tous ceux de son parti. Il aurait pu fuir. Il ne le voulut pas. C'est d'un pas assuré qu'il monta sur l'échafaud le 31 octobre 1793, âgé de quarante ans seulement. Comme il l'avait prévu, la Révolution dévorait ses enfants et ceux même qui, comme lui, l'avaient le plus aimée et le mieux servie.

Vergniaud avait l'âme d'un patriote. Lorsque les armées étrangères envahirent le sol français (1792), il prononça un discours qui fit lever des milliers de volontaires pour la défense de Paris que l'on croyait menacé.

« Au camp! citoyens, au camp! s'écrait-il. Eh quoi! tandis que vos frères, que vos concitoyens, par un dévouement héroïque abandonnent ce que la nature doit leur faire chérir le plus, leurs femmes, leurs enfants, demeurerez-vous plongés dans une molle et déshonorante oisiveté?

« Au camp! citoyens, au camp! Tandis que nos frères, pour notre défense, arrosent peut-être de leur sang les plaines de la Champagne, ne craignons pas d'arroser de quelques sueurs les plaines de Saint-Denis pour protéger leur retraite. Oublions tout, excepté la Patrie! »

XXXIV. — Les Volontaires de 1792.

La Révolution était menacée par les étrangers. Les Autrichiens et les Prussiens avaient franchi nos frontières. Ils annonçaient hautement le projet de rétablir la monarchie absolue, de détruire l'œuvre de nos assemblées nationales, et, si on leur résistait, d'anéantir Paris. Ce grave péril nous trouvait sans force. L'indiscipline avait affaibli notre armée. Les officiers nobles servaient dans les rangs des ennemis ; les simples soldats désertaient en foule. C'est alors que l'Assemblée législative sur la proposition de Vergniaud, déclara la « Patrie en danger » et remit sa défense aux citoyens de bonne volonté (1792).

La France entière, dans un admirable élan, se leva. Les départements de la Haute-Vienne, de la Corrèze et de la Creuse ne se montrèrent inférieurs à aucun autre. En quelques semaines les registres d'engagements se couvrirent de signatures. Limoges et Tulle fournirent chacune deux bataillons, Guéret en envoya un. Ces troupes mal équipées, à peine nourries, ne touchant, au début, aucune solde, furent envoyées aussitôt à la frontière sous le commandement d'officiers élus par elles. Elles se battirent avec un admirable courage pour le pays et la liberté. Dans toute notre histoire, nous ne trouvons pas d'exemple d'un patriotisme plus ardent et plus pur.

Les volontaires de la Haute-Vienne ne furent pas heureux quoique pleins de bravoure. Ils battirent en retraite avec Dumouriez en Belgique. Enfermés dans Le Quesnoy, ils durent se rendre au nombre de 524, malgré une belle défense. On les emmena prisonniers en Hongrie (1793).

Les bataillons de la Corrèze eurent un sort plus enviable. Ils se couvrirent de gloire dans la retraite du général Custine de Mayence vers l'Alsace. Sous les ordres d'un chef intrépide, le colonel *Delmas*, ils s'emparèrent à la baïonnette du château de Stromberg où les Prussiens s'étaient fortement retranchés. Mais l'ennemi reprit bientôt sa marche en avant; les troupes françaises se débandèrent, prises de panique. Seuls les Corréziens tenaient ferme, faisant face partout, utilisant les accidents de terrain pour couvrir la retraite. 53 d'entre eux se barricadèrent dans un petit village et s'y défendirent vaillamment contre des forces supérieures. Quand, le soir, ils rejoignirent le gros de l'armée, ils n'étaient plus que cinq; tous les autres étaient tombés au champ d'honneur. Au combat de Herxheim, le porte-drapeau du bataillon tombe mort; un hussard prussien se précipite sur l'étendard et l'emporte. Mais le colonel Delmas se met à la poursuite du hussard, le perce de son épée et reprend le drapeau.

L'audace des Creusois ne fut pas moindre ni

moins heureuse. Ils se trouvaient d'abord dans Thionville, assiégé par les Autrichiens. On les avait chargés spécialement de la défense d'une porte. Ils

Les Corréziens à l'assaut du château de Stremberg.

s'en acquittèrent à merveille, firent de nombreuses sorties et allèrent même inquiéter les ennemis jusque dans leur camp. Ils se battirent souvent corps à corps et obligèrent toujours l'adversaire à lâcher pied (1792). Avec l'armée de la Moselle dont ils firent ensuite partie, ils devaient s'efforcer de débloquer Landau. Par de nombreuses actions d'éclat ils excitèrent l'admiration. Ils chassèrent les assiégeants d'un bois où ils s'étaient fortifiés et, pour cela, usèrent avec furie de leurs baïonnettes. Le prince de Hohenlohe, général allemand, occupait solidement une redoute escarpée. Quatre compagnies du bataillon creusois gravissent les pentes sous un feu terrible ; le brave capitaine *Bellot* qui les commande entre le premier dans les tranchées. L'ennemi s'enfuit en désordre après un terrible combat d'homme à homme. Et c'est en vain qu'il essaya de reprendre ce point important. Bellot et ses vaillants Creusois réussirent à s'y maintenir.

Nos soldats doivent toujours avoir sous les yeux l'exemple des volontaires de 1792 qui nous ont donné d'impérissables leçons de patriotisme.

XXXV. — Jourdan (1762-1833).

On voit à Limoges, au milieu d'une belle place, la statue en bronze d'un homme de guerre. Son attitude, les traits de son visage expriment la noblesse et le courage. De la main droite, il tire son épée pour courir à l'ennemi. C'est la statue du maréchal *Jourdan,* l'un des plus illustres généraux de la Révolution et du premier Empire.

Statue de Jourdan, à Limoges.

Jourdan naquit à Limoges en 1762. On le destinait au commerce. Mais il s'ennuya derrière son comptoir et son cœur battait bien fort lorsque les régiments passaient au son des fanfares. Quand la *Guerre de l'Indépendance américaine* éclata, il avait seize ans. Il s'enrôla pour aller, par delà l'Océan, soutenir comme simple soldat les colons révoltés contre l'Angleterre.

Pendant les guerres de la Révolution, les talents et le courage de Jourdan le firent remarquer. Il gagna rapidement ses galons. A la bataille de Hondschoote, il était général de division et se battit en héros. Deux jours après, on le nomma général en chef de l'armée du Nord.

Le commandant des troupes autrichiennes, Cobourg, s'était retranché dans une position formidable à *Wattignies*. « Si les républicains réussissent à me chasser d'ici, disait-il, je consens à me faire Jacobin! » Il fut pourtant délogé. L'épée à la main, Jourdan s'avança bravement, à la tête de ses soldats et lui livra un assaut irrésistible. L'armée de Cobourg dut se retirer (16 octobre 1793). L'année suivante, Jourdan remporta sur les Autrichiens la brillante victoire de *Fleurus* qui nous rendit maîtres de toute la Belgique (26 juin 1794). Il franchit le Rhin, pénétra en Allemagne où il fut encore vainqueur à Aldenhoven (1795) et à Altenkirchen (1796). Ces noms glorieux sont inscrits sur le socle de sa statue. L'armée qu'il commandait alors est restée célèbre sous le nom d'armée de *Sambre-et-Meuse*. C'était la première de toute la République par son courage, sa discipline, son patriotisme.

Jourdan devait connaître la mauvaise fortune et les humiliations de la défaite. Moreau, trop éloigné de lui, ne pouvait lui porter secours. Il se heurta à des forces bien supérieures en nombre et fut battu à *Wurtzbourg*. Mais cette défaite ne diminua pas sa réputation militaire. Lorsque Joseph, frère de

Napoléon, devint roi d'Espagne, il voulut avoir Jourdan auprès de lui comme conseiller. Si ses plans ne préparèrent pas la victoire, c'est que les autres généraux, jaloux des faveurs qu'on lui accordait, ne suivirent pas ses instructions et n'obéirent pas à ses ordres. Affaibli par l'âge et le chagrin, il tomba dans le découragement. Le jour de la bataille de *Vittoria* (1813), il souffrait d'une forte fièvre. Vaincu par l'illustre général anglais Wellington, il eut la douleur de laisser son bâton de maréchal aux mains de l'ennemi. Il repassa la frontière, suivi de près par les Anglais et les Espagnols. Pour la première fois depuis longtemps le sol français allait être foulé par l'étranger.

Malgré les revers de la fin de sa carrière, Jourdan reste le vainqueur de Wattignies, de Fleurus, et l'un des sauveurs de la République. A une époque où l'on était vite suspecté pour ses opinions politiques. Jourdan eut à souffrir de fréquentes disgrâces. Il les accepta avec une simplicité vraiment digne des temps antiques. Ayant sauvé Rome, Cincinnatus revint à sa charrue; Jourdan, vainqueur des ennemis de la patrie, revenait, lorsqu'il n'avait plus de commandement, à sa première profession. Il vendait de la mercerie à Limoges et accrochait au mur de son modeste magasin son épée et son uniforme de général en chef. Après avoir joué un rôle politique sous la Restauration, il mourut à Paris en 1833. Il fut enseveli aux Invalides dont il était gouverneur.

XXXVI. — Le maréchal Brune (1763-1815).

Un an après Jourdan (1763), Brune naissait à Brive-la-Gaillarde. Fils d'un avocat, il vint à Paris pour étudier le droit. Il ne pensait pas à se faire soldat. On le voit exercer d'abord les professions d'ouvrier typographe et de journaliste. Mais, plus tard, la protection de Danton lui valut un emploi aux armées d'abord comme fournisseur, puis comme officier. Pendant la campagne d'Italie il obtint le grade de général de division. Sa vie abonde en faits d'armes. Il a eu la gloire de sauver la France par deux brillantes victoires. Sa mort est tristement célèbre : il tomba victime des haines politiques pendant la *Terreur blanche*

Le Directoire n'était pas heureux à l'extérieur. La coalition européenne triomphait partout de nos armes. Les Russes nous enlevaient l'Italie après les sanglantes batailles de la Trébie et de Novi et ils menaçaient nos frontières. Au nord, les Anglais et les Russes débarquaient en Hollande et s'emparaient de tout le pays. La France se trouvait en grand péril. Heureusement Brune, qui commandait aux Pays-Bas, était aussi habile que brave. Il repoussa l'ennemi à *Bergen*, l'obligea à une retraite précipitée en lui infligeant des pertes élevées. Cette journée coûta à l'armée anglo-russe 7 drapeaux, 26 canons et 5000 hommes; l'un de ses généraux resta notre prisonnier (19 septembre 1799). Le 2 octobre suivant, Brune dut reculer devant une vigoureuse attaque. Mais ayant reçu des renforts, il reprit l'offensive le 6 octobre, tua 4000 ennemis à la bataille de *Kastricum* et poursuivit avec tant de vigueur les alliés qu'ils demandèrent à traiter. Ils promettaient de se rembarquer avant le 30 novembre, rendaient 8000 prisonniers français et hollandais ainsi que tous leurs canons. C'était pour les Anglais et les Russes une honteuse capitulation. Les victoires de Bergen et de Kastricum ont été aussi utiles à la France que celle de Zurich remportée la même année par Masséna.

Sous l'Empire, Brune ne joua pas un rôle important. Cependant Napoléon l'estimait. Pendant les Cent-Jours, il fallut envoyer une petite armée dans le Var pour contenir les royalistes révoltés. L'empereur ne savait à qui en confier le commandement. Après avoir hésité entre les quatre maréchaux qui lui étaient restés fidèles, il dit enfin : « Écrivez au maréchal Brune; c'est un homme sur qui je peux compter; c'est une âme forte. » Malgré les dangers qu'il prévoyait, Brune accepta cette mission de confiance. « Il me semble que c'est un arrêt de mort, s'écria-t-il; mais, quel que soit le poste que l'empereur m'assigne, mon devoir est de m'y rendre. »

Les populations méridionales l'accueillirent mal. On prétendait qu'il était envoyé pour *châtier le Midi*. On répandait contre lui d'odieuses calomnies. Il était, disait-on, l'un des meurtriers de la princesse de Lamballe dont il avait même porté la tête au bout d'une pique. Il tint en respect tous les agités de la Provence, mais, après l'abdication de l'empereur, sa situation en face des royalistes devint critique. Il se mit en route pour Paris afin d'expliquer sa conduite à Louis XVIII. Arrivé à Avignon,

Assassinat du maréchal Brune, à Avignon.

il fut accueilli par les cris : « A mort ! au Rhône ! » La ville entière se leva contre lui. Deux émeutiers pénétrèrent dans sa chambre et le reconnurent tout d'abord à sa haute stature. L'un d'eux braque un pistolet sur le maréchal qui abaisse l'arme : la balle va se perdre dans le mur. « Je vais te montrer comment il fallait s'y prendre ! » dit l'autre, un portefaix nommé Guindon, dit Roquefort, qui lui tire à bout portant deux balles dans la tête. Brune tombe raide mort. Les sauvages Avignonnais devaient se déshonorer davantage encore en insultant ses restes.

La populace se jeta sur son cercueil dès qu'il entra dans la rue, le mit en pièces et précipita son cadavre dans le Rhône après l'avoir traîné sur les pavés de la ville.

Le fleuve rejeta la dépouille mortelle de l'illustre soldat sur le sable de ses bords, entre Tarascon et Arles. Découvert et reconnu par un ancien militaire qui avait servi sous le maréchal, le cadavre fut enterré la nuit, dans un coin reculé. Personne n'aurait osé lui rendre publiquement les devoirs funèbres, tant la crainte de se compromettre était grande! La veuve de Brune consacra toute sa petite fortune à poursuivre les meurtriers de son mari. Elle ne put obtenir complète justice. Roquefort, condamné à mort par contumace, demeura introuvable. On croit qu'il ne fut pas sérieusement recherché. Il échappa au juste châtiment de son crime. Triste exemple de l'iniquité des hommes dominés par l'esprit de parti !

XXXVII. — Bugeaud.

Bugeaud naquit à Limoges en 1784. Il était le plus jeune d'une famille de quatorze enfants. Son père, homme ferme, un peu dur, l'éleva sans mollesse. Jusqu'à l'âge de vingt ans, le jeune Bugeaud vécut à la campagne, dans une propriété que ses parents possédaient en Périgord. Il grandit au milieu de petits paysans, comme jadis Henri IV, s'endurcit dans les jeux en plein air et les travaux champêtres. Aussi, il devint robuste, fier, hardi, passionné pour les choses de l'agriculture.

En 1804, Bugeaud entra comme simple soldat dans la garde impériale. Il devait parvenir à force de persévérance et d'application aux grades supérieurs de l'armée. Sous-lieutenant en 1806, il commandait, quelques années plus tard, un régiment en Espagne où il se distingua en combattant les *guérillas,* troupes de paysans armés qui tiraient à la dérobée sur nos soldats et nous causaient des pertes sensibles. Pendant les Cent-Jours, il appartenait à l'armée des Alpes. Avec 1 700 hommes, il obligea 10 000 Autrichiens à battre en retraite. Ce beau succès, connu sous le nom de victoire de l'*Hospital,* fut remporté dix jours après la défaite de Waterloo, alors que l'armée française et l'empereur lui-même étaient découragés (28 juin 1815).

Les Bourbons voulurent punir Bugeaud de sa fidélité à Napoléon ; ils lui enlevèrent son commandement. Il se retira alors dans sa propriété de la Durantie, en Périgord, où s'était écoulée sa jeunesse. L'agriculture le prit tout entier. Il s'intéressait aux travaux de ses fermiers et leur enseignait les meilleurs procédés de culture. Grâce à lui, des paysans routiniers et misérables devinrent de bons cultivateurs; l'aisance entra dans leurs chaumières.

Bugeaud.

Louis-Philippe donna sa confiance à Bugeaud et le plaça à la tête d'un régiment. Notre compatriote allait devenir le premier général de son temps. Depuis près de dix ans nous avions livré en Algérie une foule de combats qui n'avançaient en rien la conquête. *Abd-el-Kader* nous tenait tête partout avec ses cavaliers insaisissables. Pour en finir Bugeaud comprit qu'il fallait une nouvelle méthode. Il demandait une guerre de courses, de razzias, de surprises, des troupes légères, mobiles, capables de se transporter rapidement d'un point à un autre, d'inquiéter l'ennemi, de l'affamer en l'empêchant de semer et de récolter. Les soldats devaient non seulement combattre et poursuivre les Arabes jusque dans le désert, mais tracer des routes, cultiver la terre, se faire colons. Bugeaud disait qu'il fallait conquérir l'Algérie *par l'épée et la charrue.*

Cette tactique donna de rapides résultats. Abd-el-Kader fut vaincu en plusieurs rencontres. « Le nouveau général français est un renard, disait-il ; son armée est un serpent. » Traqué partout, il eut la pénible surprise de voir enlever sa smala par les hardis cavaliers du duc d'Aumale. Cependant il réussit à gagner à sa cause l'empereur du Maroc dont l'armée marcha contre nous. La bataille fut livrée sur les bords de la rivière l'*Isly* (14 août 1844). Les troupes de Bugeaud étaient très inférieures en nombre ; mais, bien commandées, d'une bravoure à toute épreuve, elles remportèrent une brillante victoire.

On peut dire que Bugeaud avait conquis l'Algérie. Il eut ensuite à l'organiser et il ne se montra pas moins habile dans cette seconde partie de sa mission. Atteint du choléra, il mourut à Paris en 1849, après avoir honoré sa grande patrie, la France, et sa petite patrie limousine.

XXXVIII. — Gay-Lussac et Dupuytren.

De nos jours, la science a fait des progrès merveilleux. En utilisant la vapeur et l'électricité, elle a trouvé le moyen d'améliorer le sort de l'homme. Le Limousin a fourni à la France plusieurs savants dont le plus illustre est *Gay-Lussac.*

Gay-Lussac est né, en 1778, dans la petite ville de Saint-Léonard. A l'âge de seize ans il vint à Paris pour continuer ses études et se fit tout de suite remarquer par sa vive intelligence. Une famine obligea le chef de l'établissement où il se trouvait à congédier tous les élèves. Un seul resta, Gay-Lussac. Son maître l'aimait au point de ne pas vouloir s'en séparer, même dans les moments difficiles. Le père de Gay-Lussac désirait qu'il se fît avocat, mais le jeune homme se sentait attiré vers les mathématiques, la physique, la chimie, et il résolut d'y consacrer sa vie entière. Il avait dix-neuf ans lorsqu'il fut admis à l'École Polytechnique. Là, il étudia sous la direction des meilleurs professeurs de la capitale. Gay-Lussac devint lui-même l'un des savants les plus renommés de son temps. Il fit des découvertes importantes, notamment sur les gaz et les vapeurs.

L'homme de science est parfois exposé à des périls. Il s'expose de lui-même et ne craint pas de risquer sa vie lorsqu'il s'agit d'arracher à la nature quelques-uns de ses secrets. Un jour que Gay-Lussac faisait une expérience sur la potasse, l'appareil qu'il employait éclata soudain projetant des éclats de tous côtés. Il fut enveloppé de flammes et de fumée et faillit perdre la vue.

Gay-Lussac fut un aéronaute intrépide. Il s'éleva plusieurs fois à des hauteurs prodigieuses sur de frêles ballons, pour faire des observations sur l'électricité, les aimants, le thermomètre. Dans l'une de ces ascensions, il monta jusqu'à près de 7 000 mètres. Il ne voyait plus la terre; c'est à peine s'il pouvait respirer; il courut ce jour-là de grands dangers.

Gay-Lussac mourut en 1850, âgé de 72 ans. Il regretta de quitter son laboratoire au moment où de surprenantes inventions s'annonçaient et lorsque l'électricité allait nous donner le télégraphe. « C'est dommage de s'en aller, dit-il, ça commence à être drôle! »

Les médecins qui réussissent à adoucir les souffrances, à prolonger l'existence sont de véritables bienfaiteurs de l'humanité. L'un des plus grands chirurgiens du siècle dernier, *Guillaume Dupuytren*, est né à Pierrebuffière, près de Limoges, en 1777. Son père vivait dans la gêne. Il réussit pourtant à lui faire donner une solide instruction, d'abord dans une pension de Magnac-Laval, puis au collège de la Marche, à Paris. Le jeune Guillaume était si pauvre qu'il fut obligé, pour revenir chez ses parents, de parcourir à pied, le bâton à la main et le petit paquet sur l'épaule, l'énorme distance qui sépare Paris de Pierrebuffière.

De retour dans la capitale, Dupuytren dut travailler sans relâche pour se procurer l'argent nécessaire à ses études. Malgré un labeur acharné, il connut bien des privations et des heures de détresse. Mais rien ne put abattre son courage. A l'âge de 26 ans, il entra comme chirurgien à l'Hôtel-Dieu, l'hôpital le plus important de Paris. Son habileté, les guérisons qu'il obtenait le rendirent célèbre dans l'Europe entière. On accourait de toutes parts pour le consulter. Il devint riche à son tour. Pourtant, il demeura surtout le médecin des pauvres gens. Il faisait deux parts dans sa journée. Le matin, il prodiguait ses soins aux malheureux dont il n'attendait aucun paiement; le soir, il allait, à prix d'or, visiter les clients fortunés. A sa mort, survenue en 1835, Dupuytren légua deux cent mille francs à l'École de médecine pour augmenter le nombre des professeurs et cinquante mille francs à la ville de Pierrebuffière qui lui a élevé une statue. Il a été utile à ses semblables en les soulageant dans leurs maux, et en leur montrant, par son exemple, que l'énergie et la persévérance ont raison de tous les obstacles.

XXXIX. — La Révolution de 1848. — L'impôt des 45 centimes. — Soulèvement des paysans de la Creuse. — Denis Dussoubs.

La deuxième République se trouva vite aux prises avec de graves difficultés. A la suite des journées révolutionnaires, une foule d'ouvriers étaient sans travail. On les occupa dans les *ateliers nationaux* qui ne coûtèrent pas moins de quatre millions par mois. Le trésor étant vide, il fallait se procurer des ressources. Garnier-Pagès, ministre des finances, créa un impôt extraordinaire de 45 centimes par franc sur les quatre contributions. Cette lourde taxe provoqua un profond mécontentement dans tout le pays. Une vive agitation se produisit aux environs de Guéret; elle devait aboutir à une révolte suivie d'un cruel châtiment.

Le 12 juin 1848 quelques habitants d'*Ajain*, ayant pour chef un cabaretier, attachèrent à l'arbre de la liberté une grosse corde avec une pancarte qui portait ces mots : « *Celui qui paiera les 45 centimes sera pendu.* » Des gendarmes furent envoyés pour ramener le calme; ils n'y réussirent pas. Le Préfet écrivit aux mutins : « Vous avez été égarés par de perfides conseils. Méfiez-vous de ceux qui vous poussent à la désobéissance et au mépris des lois. Ils ont souillé l'arbre de la liberté en y attachant un écriteau infâme. Ceux-là sont connus. La justice aura son cours. » Loin d'apaiser les esprits, cette lettre ne fit que les animer davantage. C'est alors que le Préfet ordonna l'arrestation des meneurs. Un seul put être saisi, le sieur Guillaume, vétérinaire, accusé d'avoir suspendu l'écriteau.

Denis Dussoubs.

Les paysans injurièrent les gendarmes, leur lancèrent des pierres, les poursuivirent, essayant en vain de délivrer Guillaume. Trois d'entre eux, tombés entre les mains de l'autorité, furent emmenés avec le captif.

Les habitants surexcités résolurent de marcher sur Guéret pour délivrer les prisonniers. Un « patriote » d'Ajain monte au clocher et sonne le tocsin avec une telle force qu'il brise la cloche. Des émissaires sont envoyés dans les communes voisines, à Ladapeyre, à Pionnat, pour demander des renforts. Tous ceux qui hésitent à marcher sont menacés. Le supérieur du petit séminaire est violemment sommé de mettre ses élèves à la tête de l'expédition ; on brandit sur sa tête une serpe emmanchée d'un bâton. Le prêtre consent enfin à laisser partir dix élèves qui s'offrent d'eux-mêmes pour sauver leurs camarades en danger. Cependant, des volontaires arrivent de tous côtés et plusieurs centaines d'hommes se trouvent réunis. Armés de vieux fusils, de fourches, de bâtons, les paysans marchent sur Guéret précédés de tambours, de clairons. On rit, on chante comme aux jours de fête; des airs de cornemuse égayent la route. Les femmes encouragent leurs maris; elles assurent qu'elles reviendront vêtues de beaux habits. Peut-être ces malheureuses avaient-elles l'intention de piller les boutiques.

Chemin faisant, de nouvelles recrues grossissaient les rangs. C'est ainsi qu'un millier d'hommes arrivèrent devant Guéret, vers trois heures du soir, le jeudi 15 juin 1848. La ville n'avait pas de garnison, mais elle était bien défendue par la garde nationale, les gendarmes et les cavaliers du dépôt de remonte. Les insurgés envoyèrent quelques-uns des leurs auprès du Préfet pour exiger la mise en liberté des prisonniers. Elle leur fut énergiquement refusée. Les pourparlers duraient depuis plusieurs heures. L'excitation des paysans se calmait peu à peu; déjà un certain nombre se débandaient pour rentrer chez eux, lorsqu'arrivent les gens de *Ladapeyre*. Ignorant ce qui se passait en avant, ils forcent, par une poussée formidable, les paysans à entrer dans les rangs de la garde. En même temps, deux coups de fusil sont tirés qui n'atteignent personne. Alors, le commandant de la garde nationale perd tout sang-froid. Sans faire les sommations de rigueur, il donne l'ordre de tirer. Une décharge générale, à bout portant, coucha par terre 25 victimes, hommes et femmes, dont seize morts ou blessés mortellement. Pris de panique, les révoltés se sauvèrent de tous côtés, chargés avec vigueur par les gendarmes. Les plus compromis furent traduits devant la justice et condamnés à des peines sévères.

L'impôt des 45 centimes fut perçu sans nouvel obstacle. La République n'en devait pas moins tomber au 2 décembre 1851. Parmi ceux qui protestèrent contre le coup d'État de Louis Bonaparte, nous ne devons pas oublier notre compatriote *Denis Dussoubs*, tué sur les barricades comme Baudin et d'autres courageux citoyens. On lui a érigé à Limoges une belle statue.

XL. — Le Président Carnot.

La ville de Limoges a vu naître, le 11 août 1837, un Président de la troisième République, Sadi Carnot, dont la famille, illustre dans l'histoire, était originaire de Bourgogne. Il avait pour grand-père Lazare Carnot, l'organisateur de la victoire pendant la Révolution et pour père Hippolyte Carnot, ministre en 1848, qui avait proposé de rendre l'instruction obligatoire pour tous les Français. Sadi Carnot fit de brillantes études à l'École Polytechnique et à l'École des Ponts et Chaussées. Tout jeune encore, il se montrait simple, souriant, résolu, d'une grande correction. Il aimait passionnément un livre que tout le monde devrait lire, la *Vie des hommes illustres* de Plutarque. Il y apprit deux choses difficiles, comment on doit vivre et comment il faut mourir.

Sadi Carnot.

Sadi Carnot fut d'abord ingénieur dans la Savoie; il construisit un beau pont sur le Rhône, à Collonges. On était en 1871, au moment où le sol français était infesté de Prussiens. Nommé Préfet à Rouen, Carnot organisa habilement la défense dans la Seine-Inférieure, l'Eure et le Calvados. Il se prononça pour la guerre à outrance, bien convaincu que l'étranger ne pourrait résister à un grand élan de la nation tout entière. Peu après un armistice fut signé. Carnot donna alors sa démission.

Le Préfet démissionnaire devint bientôt député, ministre, vice-président de la Chambre. Sa droiture, sa modestie, son travail assidu, sa conscience le rendaient sympathique à tous. Il avait, au degré le plus élevé, une qualité indispensable à l'homme public, surtout sous un régime démocratique, l'intégrité, la probité absolue. Dans un temps où de coupables faiblesses s'étaient révélées, jamais le moindre soupçon ne l'avait effleuré. Aussi, après la retraite de Grévy, en 1887, Carnot fut-il nommé Président de la République. On pouvait assurer qu'il n'y avait pas en France d'homme plus honnête et plus droit. Il était, disait-on, une eau pure dans un clair cristal.

Le Président Carnot devait bien servir la République. Après son élection il s'écria : « Tout ce que j'ai de force et de dévouement appartient maintenant à mon pays. » Il voulait éviter à la France les aventures d'une guerre, et, dans ce dessein, il sut préparer une alliance avec la Russie et imposer le respect à nos ennemis. La flotte russe vint rendre visite à la nôtre dans la rade de Toulon. Les fêtes qui eurent lieu à cette occasion remplirent de joie les cœurs de tous les bons Français.

Carnot était généreux ; dans ses nombreux voyages, il prodiguait les largesses aux bureaux de bienfaisance, aux hôpitaux ; il dépensait en bonnes œuvres la plus grande partie de son traitement. Le bon Président n'avait qu'à se montrer pour faire aimer la République. Il la voulait tolérante et accueillante, comme lui-même. Il désirait qu'aucun citoyen honnête et de bonne foi n'eût à souffrir par l'État, et il prêchait l'union dans un commun amour de la Patrie.

Le 24 juin 1894, Carnot se trouvait à Lyon pour les fêtes d'une Exposition. Autour de sa voiture la foule poussait des acclamations enthousiastes. Voulant être tout près du peuple qu'il aimait, il pria les officiers qui commandaient l'escorte d'éloigner leurs hommes. A ce moment un misérable Italien faisant mine de remettre un papier au Président lui enfonça un couteau dans la poitrine. Carnot était assassiné. Quelques heures après, il rendait le dernier soupir. Toute la France le pleura. Limoges lui a élevé une statue. Sa ville natale a voulu que sa figure grave et douce fût toujours présente aux regards. Puissions-nous aussi imiter les vertus de cet honnête homme, de cet admirable citoyen !

XLI. — L'Émigration.

Dès les premiers jours de mars, les hommes valides de toute la Creuse, d'une grande partie de la Haute-Vienne et de la Corrèze se pressent dans nos petites gares. On les reconnait à leur veste courte et à leur grosse ceinture de couleur vive, ou bien à leur longue blouse bleue. Leur bagage consiste en une petite malle renfermant quelques hardes. La bourse aussi est légère; souvent, elle ne contient guère plus que l'argent du voyage. Dans la troupe, on remarque des adolescents de treize et même de douze ans qui ont déserté trop tôt l'école. Les uns et les autres veulent paraître gais; ils rient, chantent, s'interpellent plaisamment, mais tous ont le cœur gros au moment de quitter leurs proches. Jeunes gens et hommes faits sont des *émigrants*: cochers de la Corrèze, et surtout maçons, plâtriers, tailleurs de pierres de la Creuse et de la Haute-Vienne. Le train les conduit dans toutes les directions, principalement à Paris, à Lyon, en Champagne, en Franche-Comté, en Lorraine.

Ouvrier maçon émigrant.

Au loin, les ouvriers du bâtiment sont désignés sous le nom de *Limousins* ou de *maçons de la Creuse.* Pour eux, l'année sera rude, mais ils ne sont ni paresseux, ni engourdis! Ils montent aux échelles avec agilité, se meuvent avec aisance sur les échafaudages, façonnent et placent adroitement les lourdes pierres. Il arrive qu'un camarade tombe et

Vieux costumes de la Marche.

se tue. Les autres ne se découragent point et poursuivent la tâche périlleuse. Grâce à une sage économie, à une grande sobriété, ils mettent de côté, chaque mois, un petit pécule. A la fin de l'année, ils possèdent de cinq cents à mille francs et même davantage. Quand novembre ramène les gelées et la neige, l'émigrant revient au pays, tout heureux de remettre à sa famille le produit de sa *campagne,* comme il dit. Il en est un petit nombre qui n'ont pas su échapper aux entraînements de la ville. Leurs parents ne les revoient plus. Ceux-là seront longtemps maudits dans le hameau ! D'autres se marient au loin, mais ils sont rares. Le maçon tient à rentrer chaque année à son foyer. Il emploie les mois d'hiver à quelques travaux d'amélioration sur son petit domaine, assez mal cultivé en son absence par les femmes, les enfants, les vieillards. S'il le peut, il achète quelque pièce de terre, car l'émigrant n'a qu'un but : vivre un jour à l'aise dans son village et y faire figure. On en cite qui se sont lancés dans de grandes entreprises de constructions et ont acquis de grosses fortunes.

On ne sait pas au juste à quelle époque l'émigration a commencé dans les pays du centre. Il est probable que cette coutume remonte à des temps reculés, car notre pauvre contrée n'a jamais pu nourrir tous ses enfants. Nos aïeux ont dû édifier les admirables cathédrales dont la France se couvrit au moyen âge, les monuments de la *Renaissance*, comme le Louvre, les Tuileries, les châteaux de la Loire. Lorsque Richelieu assiégeait les protestants dans *la Rochelle*, il résolut d'élever une digue en pleine mer afin d'empêcher les vaisseaux anglais de secourir la ville. Pour cette tâche gigantesque, il fallait des ouvriers éprouvés : le cardinal les demanda aux

Maçons construisant une cathédrale (d'après une ancienne miniature)

provinces limousines. Ses envoyés parcoururent la région et emmenèrent plusieurs milliers d'excellents maçons. La confiance du grand ministre ne fut pas trompée. On travailla nuit et jour et, malgré l'Océan furieux, un mur large, haut, inébranlable sortit des flots assez tôt pour fermer la route aux vaisseaux ennemis. Une trentaine d'années plus tard, les Marchois et les Limousins bâtissaient, dans les principales villes du nord et de l'est, des murs d'enceinte imprenables, d'après les plans du grand ingénieur *Vauban*. Ce sont eux qui, pendant le second Empire, ont établi la plupart des *voies ferrées* sur le territoire français; c'est aussi grâce à leur aide intelligente que les projets du préfet *Haussmann*, destinés à embellir, à transformer la ville de Paris, ont pu être rapidement exécutés. Enfin, lorsqu'après la funeste guerre de 1870-1871 on dut mettre la France à l'abri d'une surprise des Allemands, nos vaillants maçons furent encore au premier rang pour construire autour de Paris, Dijon, Langres, Belfort, Épinal, Toul, Verdun, Reims, des forts redoutés de l'ennemi.

Les émigrants de la Marche et du Limousin se sont toujours trouvés partout où de grands travaux les appelaient. Ils y ont gagné un peu d'or, fidèlement rapporté dans leurs montagnes, et, en même temps, ils ont rendu service à la France.

XLII. — Histoire d'un émigrant. Martin Nadaud.

Martin Nadaud naquit en 1815, près de Pontarion, à Lamartinèche, petit hameau où le vent souffle très fort et où la neige se plaît. Son père, simple maçon, ne vivait pas dans l'aisance. Il possédait quelques terres, mais il devait une grosse somme à des créanciers impatients. Malgré sa gêne, il décida que l'enfant irait à l'école. Sa femme et ses voisins se moquaient de lui. « Vous êtes fou, disait-on ; voulez-vous faire de votre fils un bourgeois ? On en sait toujours assez pour pousser l'araire ou mettre des pierres les unes sur les autres ! » Mais le brave homme négligea les railleries et en fit à sa tête. C'était vers 1825 ; Guizot n'avait pas encore organisé l'enseignement populaire. On dut s'adresser à des maîtres de rencontre : un sacristain, un cultivateur, un ancien officier. Celui-ci en savait plus long que les autres, mais il habitait loin de Lamartinèche. Pour profiter de ses leçons, il fallut que l'enfant se mît en pension. Lourde charge pour de pauvres gens ! Chaque semaine sa mère lui apportait une grosse tourte de pain et un fromage. Avec la soupe qu'une bonne femme lui trempait, c'était sa seule nourriture. Martin apprit à lire, à écrire, à compter. C'était peu, mais, pour l'époque, c'était beaucoup, et, parmi ses camarades, il passait pour un savant.

Vers l'âge de quatorze ans, Martin Nadaud se rendit à Paris avec son père et les autres maçons des environs. Les chemins de fer n'existaient pas;

Martin Nadaud va chercher fortune à Paris.

il fallut faire à pied la longue route. Habillé de drap raide comme du carton, chaussé de souliers trop étroits, coiffé d'un chapeau haut de forme à la mode du temps, l'enfant dit adieu à sa mère en pleurant et on se mit en marche. On alla, par de mauvais chemins, déjeuner à Guéret; le soir on couchait sur les confins de l'Indre. Le lendemain, on était à Issoudun, le surlendemain à Orléans. La table était bonne, mais les voyageurs, rompus de fatigue, avaient les pieds endoloris, parfois ensanglantés. Les souliers de Martin le faisaient cruellement souffrir. On ne pouvait dormir dans les lits remplis de vermine. Sur la route, des paysans insultaient les maçons et les appelaient mangeurs de châtaignes, mangeurs de raves. Il s'ensuivait des batailles où les Creusois soutenaient vaillamment l'honneur de leur province.

A Paris, la chance ne favorisa point Nadaud tout d'abord. Il tomba de son échafaudage et se brisa un bras. Puis de mauvais sujets l'entraînèrent au cabaret où il s'oublia quelquefois, loin de son devoir. Mais il rentra vite dans le droit chemin. Tout en regrettant vivement ses erreurs, Nadaud aimait à en faire le récit, afin de bien mettre en garde les jeunes gens contre les dangers des grandes villes. Cependant, les créanciers devenaient toujours plus pressants; son père tremblait pour la propriété de Lamartinèche, en grand danger d'être vendue.

Martin, qui avait continué de s'instruire, prit alors le parti d'ouvrir une école du soir. Les élèves ne lui manquèrent pas. Pendant la journée, il travaillait rudement à son métier de maçon ; à la veillée, il allumait sa petite lampe et jusqu'à onze heures ou minuit, il enseignait à ses camarades ce qu'il savait. L'argent ainsi gagné était remis au chef de la famille : l'espoir revint dans la pauvre maison. Après son mariage, Martin Nadaud redoubla d'énergie. Il entreprit quelques travaux de maçonnerie qui furent avantageux. Un jour vint où il eut en sa possession de quoi payer les dernières dettes de ses parents. Quel bonheur pour lui et pour tous les siens! A la fin de l'année, quand il rentra dans son village, il emportait quatre mille francs en beaux écus blancs. Il les rangea sur la table de la cuisine qui en fut entièrement couverte. A la lueur d'une chandelle, la famille contemplait ce trésor éblouissant et, de toute la nuit, elle n'en put détacher les yeux. De douces larmes coulaient sur tous les visages. Comme il est bon de se sentir maître chez soi et de retrouver l'indépendance après une longue servitude!

XLIII. — Martin Nadaud député. — L'exil. — Le retour.

On était vers la fin du règne de Louis-Philippe. Le pays mécontent demandait des réformes politiques et surtout le droit, pour tout citoyen, de participer, par son vote, aux affaires publiques. Parmi les maçons limousins de la capitale, une vive agitation se produisit. Tous se montraient partisans enthousiastes des idées républicaines. Martin Nadaud se faisait particulièrement remarquer par l'ardeur de ses convictions. Comme il lisait beaucoup, et toujours des livres sérieux, il était à peu près le seul dont les opinions fussent raisonnées. Ses camarades le consultaient dans les cas difficiles. Ils le nommèrent Président du Club des habitants de la Creuse à Paris. A toutes les réunions, il se trouvait là, prenant fréquemment la parole. Ses discours, prononcés d'une voix forte et persuasive, étaient toujours applaudis. Il avait une éloquence naturelle et sans art, d'autant plus puissante dans les milieux populaires. La Révolution de 1848 éclata; Louis-Philippe, rudement congédié, se retira en Angleterre et le peuple obtint le *suffrage universel* qu'il souhaitait depuis si longtemps. Aussitôt, Martin Nadaud se présenta à la députation dans l'arrondissement de Bourganeuf. Grâce à l'appui de la classe ouvrière, il fut élu, en 1849, membre de l'*Assemblée législative.*

Le nouveau député allait subir les plus dures épreuves. On le jugeait très dangereux, dans l'entourage du Prince président, à cause de sa grande influence sur le peuple. Lors du *coup d'État* du 2 décembre 1851, il fut arrêté des premiers, enfermé à la prison de Mazas, et ensuite condamné au bannissement. De sorte que, sans ressources, sans même pouvoir se faire comprendre, il se trouva un beau jour à Londres, loin de sa patrie, loin de sa famille. Le meilleur pain est amer si c'est le pain de l'exil, mais Nadaud avait grand'peine à se procurer de quoi ne pas mourir de faim. Plus d'une fois, il souhaita d'être à Lamartinèche, dans la maison de son vieux père, et de se nourrir de galettes de blé noir à la table de famille. Mais son caractère était trop bien trempé pour qu'il se laissât aller au découragement. Il se disait qu'un Creusois doit toujours vaincre le mauvais sort. Nadaud se souvint qu'il était capable de manier un outil et il chercha à s'occuper comme maçon. On vit pendant quatre ans le député proscrit sur les chantiers de Londres, s'acquittant de sa lourde tâche avec conscience et bonne humeur, très estimé de ses patrons et de ses compagnons de travail. Dès qu'il connut bien la langue anglaise, il voulut donner des leçons de français. Plusieurs maîtres de pension l'acceptèrent dans leurs établissements à titre de professeur et, comme on était fort satisfait de ses services, il vit peu à peu s'élever son traitement, En dernier lieu, il exerça ses fonctions à l'école préparatoire militaire de Wimbledon. Là, il avait affaire à de grands garçons. Il était obligé d'étudier avec ardeur pour se mettre et se maintenir à la hauteur de son enseignement. Les élèves l'aimaient beaucoup. Il leur en imposait par sa force corporelle qu'ils mirent plusieurs fois à l'épreuve, par le sérieux de sa vie, par son dévouement toujours prêt. Un jour que, grâce à leurs bonnes notes de français, les élèves de Wimbledon avaient été particulièrement heureux dans leurs examens, ils portèrent leur maitre en triomphe dans la cour de l'école. Plusieurs de ces jeunes gens écrivirent plus tard de savants ouvrages; ils n'oublièrent jamais de les lui offrir en témoignage de reconnaissance. Son professorat dura quatorze ans.

A la chute de l'empire Martin Nadaud put rentrer en France. Il trouvait son pays vaincu, humilié, occupé par les Prussiens. C'était alors un homme de 56 ans, à la figure énergique, instruit à l'école du malheur. Gambetta le nomma Préfet de la Creuse : le petit paysan de Lamartinèche était devenu le premier magistrat de son département. Élu de nouveau député en 1881 et en 1885, il se consacra tout entier à l'étude des lois ouvrières; son plus grand désir était d'améliorer le sort de ses anciens compagnons de travail. A la Chambre, les nombreux discours qu'il prononça furent toujours écoutés avec attention. Il passa les dernières années de sa vie à Lamartinèche, où il écrivit son histoire, et mourut en 1896, à l'âge de 81 ans. On vient de lui élever une statue à Bourganeuf.

Martin Nadaud n'est pas ce que l'histoire appelle un grand homme. Pourtant sa vie est pleine d'utiles leçons. Tout le monde ne saurait devenir représentant du peuple; mais tous les émigrants peuvent, comme lui, s'instruire, travailler sans défaillance, aimer leur village natal, et, si c'est nécessaire, souffrir pour les opinions qu'ils croient justes. Nadaud a donné un exemple continu de courage dans l'adversité, de persévérance dans les entreprises. Aucun Anglais, aucun Américain ne s'est montré plus *homme* que ce Creusois. Retenons de lui cette pensée : « Il est quelquefois heureux, disait-il, de naître pauvre. » La pauvreté est, en effet, la mère des qualités viriles qui conduisent au succès. L'ouvrier qui les possède, pourvu qu'il ait d'ailleurs un peu d'intelligence et beaucoup de conscience, peut se faire une bonne place au soleil dans notre démocratie.

XLIV. — Limousin et Marche d'aujourd'hui.

La nature ne paraît pas s'être mise en frais pour le Limousin. Elle a prodigué ailleurs les vastes plaines, les terres profondes, la chaleur et la lumière. A nous, elle a donné de hautes collines, d'innombrables vallées aux pentes rapides, au sol pierreux et un ciel presque toujours gris. Mais elle a mis au cœur de nos paysans une énergie qui a tout transformé.

Gravissons les pentes de Millevache. Nous voilà sur un bastion formidable qui étend au loin son plateau et ses buttes arrondies. Pays triste et solitaire. Partout ce sont des bruyères semées de quelques bouquets d'arbres et de chaumières misérables. C'est ici le domaine du vent, de la pluie et de la neige, le centre de l'émigration. Tout ce qui peut tenir un outil abandonne la contrée ; on voit les femmes labourer, semer, faucher en l'absence des maris. Tant que le sol sera privé des soins de ses enfants, il restera stérile. Pourtant, de ces hautes terres vient la richesse de notre région.

Là naissent nos rivières abondantes, la Creuse, la Vienne, le Taurion, la Vézère, la Corrèze qui fuient dans toutes les directions. D'après un proverbe bien connu, « jamais le Limousin ne périra par la soif ». Pendant longtemps, nos cours d'eau n'eurent que leur transparence, leur joyeux bruissement, leurs cascades tumultueuses, les *truites* aux belles couleurs qui foisonnent dans les eaux vives. L'homme les fait aujourd'hui servir à son usage. Ils mettent en mouvement de nombreuses usines, distribuent la lumière électrique, conduisent à distance des tramways et cette force liquide, qu'on appelle « houille blanche » ne coûte rien. D'Eymoutiers à Saint-Junien, le cours de la Vienne fait mouvoir des centaines de fabriques de toute sorte. Le cultivateur a pris ces eaux et, aussi bien que le plus savant ingénieur, les a dirigées par des multitudes de petits canaux sur des pentes escarpées. Ainsi, il a trouvé le moyen d'arroser des terrains nus, incultes et de créer dans toutes les vallées ces prairies qui font l'admiration des étrangers.

Le Limousin est le pays des arbres. Sur les montagnes, le chêne, le hêtre, le sapin, le bouleau croissent avec force : c'est là une source de richesses trop peu utilisée encore. On commence à se rendre compte que les plateaux de Millevache, de Gentioux, les Monédières pourraient porter de luxuriantes forêts. Les collines sont couvertes de *châtaigniers*. Ces arbres robustes vivent sur le roc, sobres et courageux comme les paysans, et prodiguent un fruit délicieux qu'on trouve sur toutes les tables, pain du pauvre et dessert du riche. Les jeunes tiges du châtaignier sont façonnées en *échalas* et en *cercles de tonneaux* pour les pays vignobles du voisinage. Dans les châtaigneraies poussent de grandes quantités de *cèpes*, gros champignons mis en *conserves* à *Brive* et dans les localités voisines. Poiriers, pruniers, cerisiers et surtout *pommiers* fleurissent nos villages au printemps et leur donnent l'apparence de gigantesques bouquets. Les pommes du Limousin sont appréciées partout

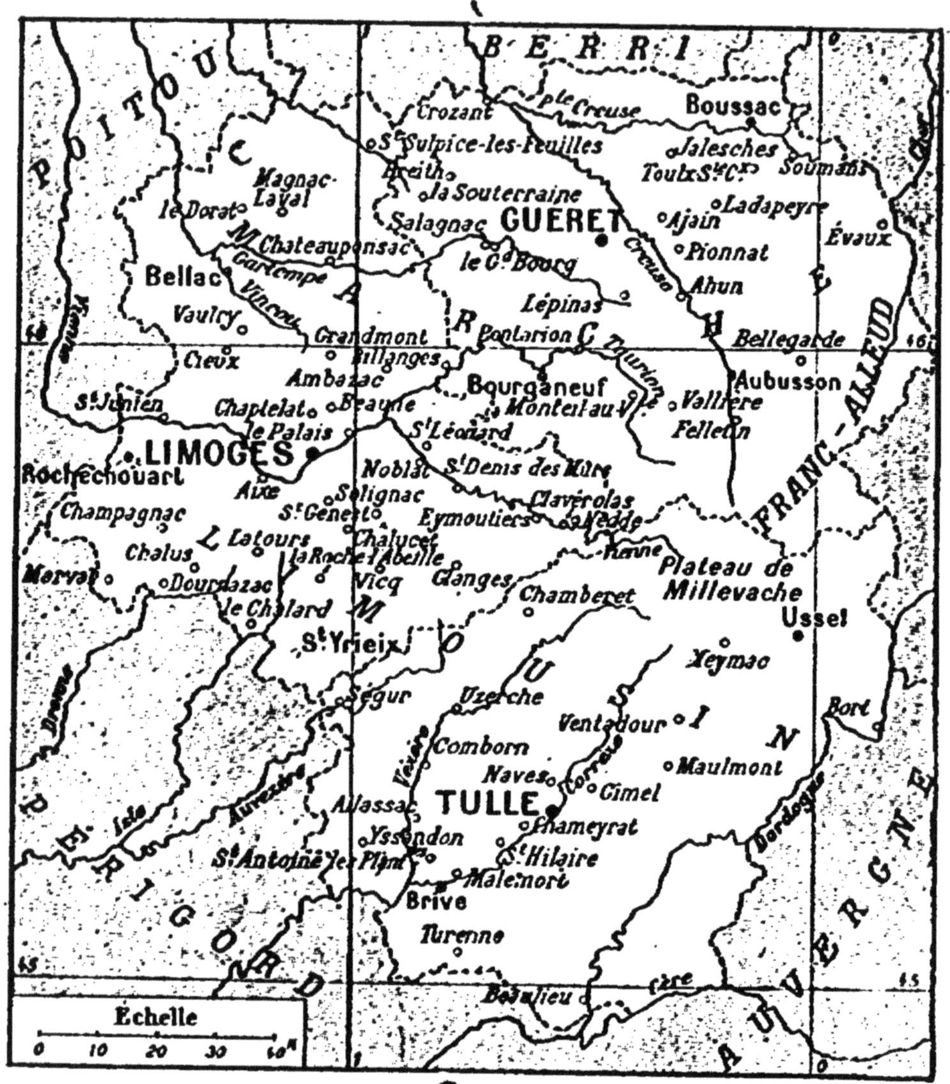

Carte du Limousin et de la Marche.

et jusqu'en Angleterre : notre *cidre* est aussi abondant que celui de Normandie; il sera aussi réputé lorsqu'on saura bien le préparer et le conserver.

Le *seigle*, l'*avoine*, la *pomme de terre*, le *sarrasin* donnent d'abondantes récoltes. Grâce à des procédés de culture rationnels, le blé gagne chaque année du terrain.

Les *moutons* de nos montagnes, nourris de bruyères et de plantes aromatiques, ont une chair fine et savoureuse ; la région d'Uzerche fournit de jeunes *porcs* plusieurs départements. Le *bœuf* limousin jouit d'une légitime renommée. C'est un bel animal de couleur froment, aux formes élégantes, aux membres fins et courts. A force de soins, nos éleveurs l'ont conduit à une telle perfection qu'il est aujourd'hui le premier animal de boucherie de la France entière. Désormais, raves et châtaignes peuvent manquer, nos campagnards ne souffriront plus de la faim !

Berger du [illegible] central.

L'industrie limousine est fort active. Sur nos cours d'eau et principalement sur la Vienne, ce ne sont que minoteries, tanneries, mégisseries, fabriques de *papier de paille*, de pâte à porcelaine, d'extraits tannants : ces dernières dévorent malheureusement nos châtaigneraies. L'homme avait, d'ailleurs, fouillé le sous-sol et trouvé de la houille à *Lavaveix*, à *Bosmoreau*, à *Lapleau*, de l'ardoise à *Allassac* et surtout ce précieux *kaolin*, aussi fin que la fleur de farine, des environs de Saint-Yrieix. Les *gants* de Saint-Junien, la *porcelaine* de Limoges, les *tapis* d'Aubusson sont connus partout.

Limoges s'accroît rapidement et aura bientôt

100 000 habitants. C'est le centre le plus important de la fabrication de la porcelaine. Elle a aussi de grandes manufactures de chaussures, de sabots de bois, de draps, des imprimeries, des distilleries. Par sa position centrale, elle est le siège d'un commerce considérable. C'est l'une des villes les plus actives, les plus vivantes de France.

Paysage limousin (châtaigniers, pâturages, bruyères).

Brive (19 000 hab.) est admirablement située, dans une région fertile, au climat privilégié. Elle exporte des primeurs. Ses légumes et ses fruits contribuent à alimenter Paris, Lille et, aussi, Londres, Liverpool, Manchester. Elle prépare des conserves de pois, de haricots. C'est une gracieuse cité, d'un séjour agréable.

Tulle, un peu moins importante (18 000 hab.), se

consacre uniquement à la fabrication des armes à feu pour notre infanterie, bien qu'elle doive faire venir de loin la matière première et le combustible. Elle a fourni jusqu'à trente mille fusils par an à l'armée.

Saint-Junien (12000 hab.) va chercher des peaux pour ses mégisseries jusqu'en Espagne, en Italie, en Russie, au Brésil et vend ses gants partout, même en Angleterre et en Amérique. Avec ses papiers de paille, elle prépare les boites d'allumettes pour le compte de l'État.

Notre province tient une place d'honneur dans l'activité nationale. On pourrait se procurer ailleurs des fruits, des légumes, et d'autres produits analogues à certains des nôtres. Mais nulle part on ne trouve de meilleure viande que celle de nos bœufs et de nos moutons. Et nulle part aussi, on ne voit de porcelaine plus belle que celle de Limoges, des tapis plus artistiques que ceux d'Aubusson. Il manquerait quelque chose à la mère patrie si nos deux provinces n'existaient pas.

Les campagnes de la Marche et du Limousin ont, du reste, un charme pénétrant. Si notre ciel est souvent voilé, ses nuées ont une grande finesse. Quand le soleil se montre, son sourire est d'une douceur incomparable. Il fait alors briller le rose vif de nos bruyères, le vert éclatant de nos fougères et de nos prairies, le vert plus sombre de nos bois, les rubans d'argent de nos ruisseaux, les taches blanches de nos sarrasins, les nappes blondes de nos seigles qui ondulent au vent. Partout, dans nos campagnes, on trouve des eaux courantes et des ombrages. Aimons notre pays natal!

TABLE DES MATIÈRES

Pages.

CHARTRES. — IMPRIMERIE DURAND, RUE FULBERT.

www.ingramcontent.com/pod-product-compliance
Ingram Content Group UK Ltd.
Pitfield, Milton Keynes, MK11 3LW, UK
UKHW021056200726
13857UKWH00003B/951